꼭! 필요한

# 문장의 5형식
# 활용 연습

# 머리말

왜 문장 형식을 알아야 하는가?

흔히 '영어 실력은 알고 있는 단어의 수에 달려 있다'고 합니다. 영어는 단어만 외우면 된다는 단순한 생각에서 나온 말일 것입니다. 단어만 말하는 정도로도 상대방과 간단한 의사소통이 가능할 수 있습니다. 그러나 중요한 것은 단어를 나열하는 원리와 법칙을 모르면 완전한 문장으로 자기 생각을 정확히 전달할 수 없다는 것입니다. 바로 이 원리와 법칙이 문장 형식입니다.

한국어와 영어는 단어를 나열해서 문장을 만드는 순서(어순)가 다릅니다. 예를 들면, 우리말은 'A는 B를 좋아한다.'를 'A는 좋아한다, B를.' '좋아한다, A는 B를.' '좋아한다, B를 A는.' 'B를 A가 좋아한다.' 등으로 나타내도 의미가 통하지만, 영어는 반드시 A like B. 형식으로 나타내야 합니다. 그 이유는 영어는 단어의 순서(어순)에 따라 말의 의미가 달라지기 때문에 정해진 문장 형식에 따라 써야 한다는 것입니다.

이 책은 문장의 5형식을 기본으로 그것을 활용한 다양한 문장 형식을 60개의 Unit을 통해 연습할 수 있게 한 것입니다.

하나의 Unit에는 하나 또는 두 개의 문장 형식이 등장하고 그 형식의 이해를 돕기 위해 표를 이용해 문장의 구조를 분석한 다음, 그것과 관련해서 알아두어야 할 문법 사항을 설명했습니다. 이어서 《문장 따라 말하기 연습》과 《묻기·대답하기 연습》으로 문장 형식을 실생활에 활용하는 연습을 해볼 수 있게 구성했습니다.

이 책의 순서에 따라 공부해 가면 초보자들도 듣기·말하기·읽기·쓰기 영역에 문장 형식을 자연스럽게 응용하고 활용할 수 있을 것입니다.

# 이 책의 구성

## Part 1

이 책의 내용을 이해하는 데 필요한 영어 문장의 기본적인 구성에 관한 사항들을 간단하게 소개하고 설명했습니다.

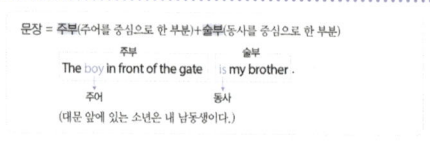

## Part 2

해당 Unit에서 다룰 문장 형식을 나타냅니다. 한 Unit에는 하나 또는 두 개의 문장 형식이 등장합니다.

실생활에서 문장 형식의 쓰임을 알 수 있게 대화 또는 지문으로 구성한 것입니다.
사전을 찾지 않고도 공부할 수 있게 단어나 어구 아래에 설명을 달았습니다.

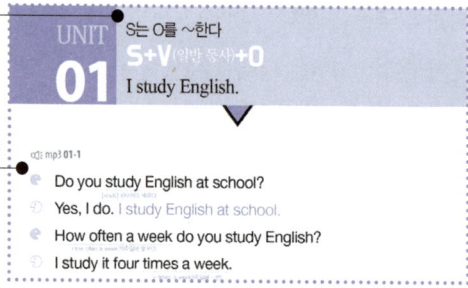

대화 또는 지문을 영어 원문에 충실하게 해석을 달았습니다.

**본문 해석**

A: 학교에서 영어를 배우니? / B: 그래, 학교에서 영어를 배워. / A: 1주일에 몇 번 영어를 배우니? / B: 1주일에 4번 배워. / A: 어제 영어를 배웠니? / B: 아니, 어제는 배우지 않았어. / A: 어제는 무슨 과목을 배웠어? / B: 수학을 배웠어. / A: 무슨 다른 과목도 배웠니? / B: 한국어, 과학, 사회를 배웠어.

해당 Unit에서 다루는 문장 형식을 한눈에 파악할 수 있게 표를 이용해서 분석해 놓았습니다.

**문장 형식 분석**

| S | V | O |
|---|---|---|
| I | study | English. |

해당 Unit의 내용을 이해하는 데 필요한 기본적인 영문법 사항을 간결하게 설명했습니다.

**문법 해설**

**1** 규칙동사 과거형 만드는 방법

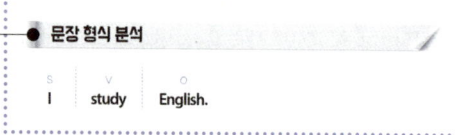

《문장 따라 말하기 연습》에서는 문장 형식을 이용한 예문으로 문장 감각을 익히는 연습을 합니다.

녹음 내용에 따라 처음에는 영어 문장을 보고, 다음에는 영어 문장을 보지 말고 문장 형식이 입에 붙을 때까지 따라서 말하는 연습을 반복해 주세요.

Step 1은 기본적인 형식과 가까운 문장이고, Step 2는 기본 형식을 조금 바꾼 문장입니다.

### 문장 따라 말하기 연습

#### STEP 1 기본 문장 따라 말하기 연습
mp3 01-2
다음 문장을 듣고, 입에 붙을 때까지 반복해서 소리 내어 따라 말해보세요.

1. **How often a week do you study mathematics?**
   당신들은 1주일에 몇 번 수학을 배웁니까?
2. **We study mathematics five times a week.**
   우리는 1주일에 다섯 번 수학을 배웁니다.

#### STEP 2 응용 문장 따라 말하기 연습
mp3 01-3
다음 문장을 듣고, 입에 붙을 때까지 반복해서 소리 내어 따라 말해보세요.

1. **My father played golf last Sunday.**
   지난 일요일에 아버지는 골프를 치셨다.
2. **I washed my dog yesterday morning.**
   나는 어제 오전에 개를 씻겼다.

---

《묻기·대답하기 연습》에서는 주어진 지시에 따라 문장을 만들어 대화하는 연습을 합니다. 상대가 있으면 서로 주고받으며 연습하면 더욱 좋습니다.

Step 1은 기본적인 형식과 가까운 문장으로 연습하고, Step 2는 기본 형식을 조금 바꾼 문장으로 대화하는 연습을 합니다.

### 묻기·대답하기 연습
해답 272쪽

#### STEP 1 기본 문장 묻기·대답하기 연습
mp3 01-4
다음의 문장을 이용해서 지시에 따라 문장을 만들고 대화 연습을 해 보세요.

**I studied English yesterday.**

1. 의문문으로 >>

#### STEP 2 응용 문장 묻기·대답하기 연습
mp3 01-5
다음의 문장을 이용해서 지시에 따라 문장을 만들고 대화 연습을 해 보세요.

**My father watched television last night.**

1. 의문문으로 >>
2. 1.의 대답 >>

---

mp3에는 미국인 성우가 녹음한 Part 2의 전체 내용이 수록되어 있습니다. 녹음 내용을 참고하며 발음과 인토네이션에도 주의하면서 연습해 주길 바랍니다.

## Part 3

《묻기·대답하기 연습》의 script입니다. 자기가 만든 문장이 맞는지 확인해 보는 용도로 이용하면 될 것입니다. 또한 표준어를 말하는 미국인이 전체 내용을 녹음해 mp3에 수록했습니다.

#### Unit 1
**I studied English yesterday.**
1. Did you study English yesterday?
2. Yes, I did. I studied English yesterday.
3. Did you study mathematics yesterday?
4. No, I didn't. I didn't study mathematics yesterday.
5. What did you study yesterday?
6. I studied English yesterday.

# 차례

머리말
이 책의 구성

## Part 1  문장의 기본 구조 이해하기

**1** 품사와 문장의 구성 … 012
  1. 품사의 종류와 역할 / 2. 문장의 구성
**2** 내용에 따른 문장의 종류 … 016
  1. 평서문 / 2. 의문문 / 3. 명령문 / 4. 감탄문
**3** 구조에 따른 문장의 종류 … 021
  1. 단문 / 2. 중문 / 3. 복문
**4** 문장의 5형식 … 023
  1. 1형식 문장의 기본형 / 2. 2형식 문장의 기본형 / 3. 3형식 문장의 기본형
  4. 4형식 문장의 기본형 / 5. 5형식 문장의 기본형

## Part 2  문장의 5형식 활용 연습

| | | |
|---|---|---|
| Unit 01 | **S+V**(일반 동사)**+O** … S는 O를 ~한다 | 030 |
| Unit 02 | **S+V**(일반 동사)**+수식어** … S는 (시간·장소 등에) ~한다 | 034 |
| Unit 03 | **S+V**(be동사)**+수식어 / S+V**(be동사)**+C**(명사) … S는 (~에) 있다 / S는 ~다 | 038 |
| Unit 04 | **S+V**(be동사)**+C**(형용사) … S는 ~다 | 042 |
| Unit 05 | **S+V**(be동사)**+C**(명사) … S는 ~다 | 046 |
| Unit 06 | **There is(are)+S** … S가 있다 | 050 |
| Unit 07 | **S+V**(일반 동사 진행형) **/ S+V**(일반 동사 진행형)**+O** … S는 ~하고 있다 / S는 O를 ~하고 있다 | 054 |
| Unit 08 | **S+V**(불규칙동사)**+O** … S는 O를 ~한다 | 058 |

| Unit 09 | **S+V**(have)**+O** ··· S는 O를 have한다 | 062 |
| --- | --- | --- |
| Unit 10 | **S+V+O+**수식어(전치사+명사) ··· S는 O에게(를) ~한다 | 066 |
| Unit 11 | **S+V+IO**(간접목적어)**+DO**(직접목적어) ··· S는 ···에게 ···을 ~한다 | 070 |
| Unit 12 | **S+V+O**(to부정사) ··· S는 ···하는 것을 ~한다 | 074 |
| Unit 13 | **S+V+O**(to부정사) ··· S는 ···하는 것을 ~한다 | 078 |
| Unit 14 | **S+V**(be동사)**+C**(형용사)**+**수식어(to부정사) ··· ···해서(하게 되어) ~다 | 082 |
| Unit 15 | **S+V**(want, ask)**+O+C**(to부정사)<br>··· S는 O에게 ···하라고(해달라고) ~한다 | 086 |
| Unit 16 | **S+V**(will+동사원형)**+O** ··· S는 O를 ~할 것이다(~하겠다) | 090 |
| Unit 17 | **S+V**(will be)**+C**(형용사 또는 명사) ··· S는 ~일 것이다 | 094 |
| Unit 18 | **S+V**(be going to+동사원형)**+**수식어 ··· S는 ~할 작정이다 | 098 |
| Unit 19 | **S+V**(have to+동사원형)**+** ~ ··· S는 ~해야 한다 | 102 |
| Unit 20 | **S+V**(can+동사원형)**+** ~ ··· S는 ~할 수 있다 | 106 |
| Unit 21 | **S+V+**수식어(to부정사) ··· S는 ···하려고 ~한다 | 110 |
| Unit 22 | **S+V**(be동사)**+C**(형용사+to부정사) ··· S는 ···하기에 ~다 | 114 |
| Unit 23 | **S+V**(be동사)**+C**(형용사+to부정사) ··· S는 ··· 하기에 ~다 | 118 |
| Unit 24 | **S+V+O**(명사+to부정사) ··· S는 ···하는 것을 ~한다 | 122 |
| Unit 25 | **S+V+O**(enough+명사+to부정사) /<br>**S+V**(be동사)**+C**(형용사+enough+to부정사)<br>··· S는 ···할 만큼 ~을 ~한다 / S는 ···할 정도로 ~다 | 126 |
| Unit 26 | **S+V+O**(동명사) ··· S는 ···하는 것을 ~한다 | 130 |
| Unit 27 | **S+V**(be동사)**+C**(동명사) ··· S는 ~하는 것이다 | 134 |
| Unit 28 | '전치사+동명사'가 쓰인 형식 | 138 |
| Unit 29 | **S+V**(call)**+O+C**(명사) ··· S는 ···을 ~라 부른다 | 142 |

# 차례

| | | | |
|---|---|---|---|
| Unit 30 | **S+V**(keep)**+O+C**(형용사) … …를 ~한 상태로 유지하다 | 146 |
| Unit 31 | **S+V**(look)**+C**(형용사) … S는 ~처럼 보인다 | 150 |
| Unit 32 | 부가의문문; 긍정문+부정의문문 … ~이지, 그렇지 않아? | 154 |
| Unit 33 | 부가의문문; 부정문+긍정의문문 … ~아니지, 그렇지? | 158 |
| Unit 34 | **S+V+O**(의문사+to부정사) … 의문사의 의미+해야 할지(할 수 있는지) | 162 |
| Unit 35 | **S+V+IO+DO**(의문사+to부정사)<br>… 의문사의 의미+해야 할지(할 수 있는지) | 166 |
| Unit 36 | **S**(It)**+V**(be동사)**+C**(형용사)**+진주어**(to부정사) … …하는 것은 ~다 | 170 |
| Unit 37 | **S**(It)**+V**(be동사)**+C**(형용사+of+사람)**+진주어**(to부정사)<br>… …가 ~하는 것은 ~다 | 174 |
| Unit 38 | 현재분사가 쓰인 형식 … ~하고 있는 | 178 |
| Unit 39 | **S+V**(see)**+O+C**(현재분사) … …가 ~하고 있는 것을 보다 | 182 |
| Unit 40 | **S+V**(see)**+O+C**(원형부정사) … …가 ~하는 것을 보다 | 186 |
| Unit 41 | **S+V**(watch)**+O+C**(원형부정사) … …가 ~하는 것을 지켜보다 | 190 |
| Unit 42 | **S+V**(make)**+O+C**(원형부정사) … …에게 ~하게 하다 | 194 |
| Unit 43 | **S+V**(be동사+과거분사)**+수식어**(by ~) … …에 의해 ~되다(당하다) | 198 |
| Unit 44 | **S+V**(be동사+과거분사)**+수식어** … 'by ~' 없는 수동태 | 202 |
| Unit 45 | **S+V**(조동사+be동사+과거분사)**+수식어**(by ~)<br>… 조동사가 쓰인 문장의 수동태 | 206 |
| Unit 46 | **S+V**(be동사+과거분사)**+수식어** … by 이외의 전치사를 쓰는 수동태 | 210 |
| Unit 47 | 과거분사가 쓰인 형식 … ~되어진 | 214 |
| Unit 48 | **S+V**(see, hear, feel)**+O+C**(과거분사)<br>… …가 ~되는 것을 보다(듣다, 느끼다) | 218 |
| Unit 49 | **S+V**(have+과거분사)**+O** … S는 …을 ~했다〈현재완료; 완료〉 | 222 |
| Unit 50 | **S+V**(have+과거분사)**+수식어** … S는 ~했다〈현재완료; 결과〉 | 226 |

| Unit 51 | **S+V(have+과거분사)+O** <br> ⋯ S는 ⋯을 ~해본 적이 있다〈현재완료; 경험〉 | 230 |
| --- | --- | --- |
| Unit 52 | **S+V(have+과거분사)+O**⋯ S는 ⋯을 ~하고 있다〈현재완료; 계속〉 | 234 |
| Unit 53 | **S+V(have+been+현재분사)+수식어** <br> ⋯ S는 ~하고 있다〈현재완료진행〉 | 238 |
| Unit 54 | **so ... that ~ / too ... to ~** <br> ⋯ 너무 ⋯해서 ~ / 너무 ⋯해서 ~할 수 없다 | 242 |
| Unit 55 | 시제 일치가 필요한 형식 | 246 |
| Unit 56 | 간접의문문이 쓰인 형식 | 250 |
| Unit 57 | 관계대명사 which가 쓰인 형식 | 254 |
| Unit 58 | 관계대명사 who가 쓰인 형식 | 258 |
| Unit 59 | 관계대명사 that이 쓰인 형식 | 262 |
| Unit 60 | 관계부사가 쓰인 형식 | 266 |

## Part 3  문장 바꿔 말하기 연습 해답 〈271〉

# Part 1

# 문장의 기본 구조
## 이해하기

# 1. 품사와 문장의 구성

## 1 품사의 종류와 역할

영어 문장의 최소단위는 단어이다. 단어는 그 역할에 따라 다음과 같이 8개의 품사로 나눌 수 있다.

1. 명사: 사람이나 사물의 이름을 나타낸다. 문장에서는 주어·목적어·보어로 쓰이며 전치사와 결합해서 구를 만들기도 한다.
   boy, Tom, school, bird, coffee 등

2. 대명사: 명사 대신에 쓰이는 말이다. 문장에서는 명사처럼 주어·목적어·보어 역할을 하며 전치사와 결합하기도 한다.
   I, you, he/she, they, it, this, that, who, which

3. 형용사: 사람이나 사물의 성질·상태·수량 등을 나타낸다. 형용사는 명사나 대명사를 수식하는 역할을 한다.
   new, big, beautiful, many, some, five 등

4. 동사: 주어의 동작이나 상태를 나타낸다. be동사와 일반 동사(play, study, talk)가 있다.

5. 부사: 방법, 정도, 시간, 장소를 나타낸다. 부사는 동사·형용사·다른 부사를 수식하는 역할을 한다.
   fast, carefully, here, very, often

6. 전치사: 명사나 대명사 앞에 쓰여 그 명사·대명사와 함께 '전치사+(대)명사' 형태로 형용사나 부사 역할을 한다.
   at, by, for, from, in, of, on, to, with 등

7. 접속사: 단어와 단어, 구와 구, 절과 절을 연결하는 말이다.
   and, but, or, when, because

8. 감탄사: 놀람·기쁨·슬픔 등의 감정을 나타내는 말이다.
   oh, well, wow, oops 등

8품사 외에 관사(a, an, the), 조동사(can, may, must, should, will 등)가 있다. 관사는 형용사에, 조동사는 동사에 포함된다.

## 2 문장의 구성

영어 문장은 단어를 일정한 규칙에 따라 배열하여 여러 가지 의미를 나타낸다. 이 규칙을 문법이라고 한다.

문장은 주부와 술부로 구성되며, 원칙적으로 동사 앞에 있는 부분이 주부이고, 동사와 그 뒤에 있는 부분이 술부이다. 주부의 중심이 되는 말을 주어라고 하고, 술부의 중심이 되는 말을 동사라고 한다.

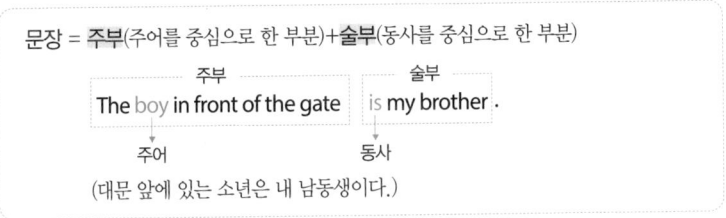

문장 = **주부**(주어를 중심으로 한 부분)+**술부**(동사를 중심으로 한 부분)

주부: The boy in front of the gate
주어: boy
술부: is my brother
동사: is

(대문 앞에 있는 소년은 내 남동생이다.)

대부분의 문장은 주어(Subject)를 중심으로 한 부분(S)과 동사(Verb)를 중심으로 한 부분(V)에 수식어(Modifier)가 붙어 만들어진다.

<u>Tom</u> <u>is</u> <u>a high school student</u>.(톰은 고등학생이다.)
 S   V        C

<u>Nancy</u> <u>speaks</u> <u>Korean</u>.(낸시는 한국어를 한다.)
  S     V     O

<u>Jack</u> <u>plays</u> <u>tennis</u> <u>very well</u>.(잭은 테니스를 잘 친다.)
 S    V    O     M

<u>Jennifer</u> <u>is</u> <u>a member</u> <u>of our baseball club</u>.(제니퍼는 우리 야구 클럽의 회원이다.)
   S    V    C         M

<u>We</u> <u>talked</u> <u>on the phone</u> <u>after school</u>.(우리는 방과 후에 전화 통화를 했다.)
 S   V      M        M

## 1 문장의 구성 요소

1. 주어(~는, ~가): 주부의 중심이 되는 말로 주어가 될 수 있는 것은 명사·대명사·명사구·명사절이다.

   **The** earth **is round.**(지구는 둥글다.) 〈명사〉

   He **bought a new computer.**(그는 새 컴퓨터를 샀다.) 〈대명사〉

   Getting exercise **is good for you.**(운동하는 것은 건강에 좋다.) 〈명사구〉

   What he told me **was true.**(그가 내게 말해 준 것은 사실이었다.) 〈명사절〉

2. 동사(~이다, ~하다): 술부의 중심이 되는 말로 보통 조동사도 포함하여 동사라고 한다.

   **We** laughed.(우리는 웃었다.)

   **They** must wear **uniform.**(그들은 교복을 입어야 한다.)

3. 목적어(Object): 타동사 다음에 쓰여 동작이나 행위의 대상이 되는 말이다. 우리말의 '~을'에 해당하는 말을 직접목적어(DO)라고 하고, '~에게'에 해당하는 말을 간접목적어(IO)라고 한다.

   **My father bought** a new computer.(아버지가 새 컴퓨터를 샀다.)

   **Jim bought** me this pendant.(짐이 이 목걸이를 나에게 사주었다.)

4. 보어(Complement): 동사만으로는 의미가 불완전한 경우 완전한 의미가 되도록 주어나 목적어를 보충해서 설명해주는 말이다. 명사·형용사 등이 보어로 쓰인다.

   **His son became** a doctor. 〈His son=doctor; 주격보어〉

   (그의 아들은 의사가 되었다.)

   **The news made us** happy. 〈us=happy; 목적격보어〉

   (그 소식은 우리를 기쁘게 해주었다.)

## 2 수식어와 구와 절

문장의 요소인 주어·동사·목적어·보어를 꾸며 주는 말을 수식어라고 한다. 수식어는 시간이나 장소 또는 상태 등을 나타내며, 수식어가 붙어 문장은 더욱 구체적이고 생생해진다. 수식어에는 다음과 같은 두 가지가 있다.

1. 명사를 수식하는 것

   ① 한 단어인 경우 → 형용사

   **Look at the** beautiful **stars.**(저 아름다운 별들을 보세요.)

② 두 단어 이상인 경우 → 형용사구(전치사나 부정사 또는 분사로 시작한다.)
**Look at the stars** in the sky.(하늘에 있는 별들을 보세요.)

③ 주어나 동사를 포함하는 것 → 형용사절(관계대명사로 시작한다.)
**Look at the stars** that are shinning in the sky.(하늘에서 빛나는 별들을 보세요.)

2. 동사나 형용사·부사를 수식하는 것

① 한 단어인 경우 → 부사
**Nancy speaks Korean** well.(낸시는 한국말을 잘 한다.)

② 두 단어 이상인 경우 → 부사구(전치사나 부정사 또는 분사로 시작한다.)
**My sister studied math** at this university.
(내 여동생은 이 대학에서 수학을 공부했다.)

③ 주어나 동사를 포함하는 것 → 부사절(접속사 등으로 시작한다.)
**I was late for school** because I missed the train.
(나는 열차를 놓쳐서 학교에 지각했다.)

# 2. 내용에 따른 문장의 종류

문장은 내용에 따라 평서문, 의문문, 명령문, 감탄문의 4종류로 구분할 수 있다.

## 1 평서문

사실을 설명하는 형태의 문장을 말하며 긍정문과 부정문이 있다.

**1** 긍정문: not 등의 부정어를 포함하지 않은 문장.

1. be동사인 경우: S+be동사 ~.
   He is a doctor.(그는 의사이다.)

2. 일반 동사인 경우: S+일반 동사 ~
   Nancy speaks Korean.(낸시는 한국어를 한다.)

**2** 부정문: not 등의 부정어를 써서 내용을 부정하는 문장.

1. be동사·조동사인 경우: S+be동사(조동사)+not ~.
   He is not a doctor.(그는 의사가 아니다.)
   I can not swim.(나는 수영을 할 수 없다.)

2. 일반 동사인 경우: S+do(does)+not+동사원형 ~.
   She doesn't speak Chinese.(그녀는 중국어를 못한다.)

## 2 의문문

상대방에게 질문하는 형식의 문장을 말한다. 보통 '동사(조동사)+주어'의 어순으로 문장 끝에 물음표(?)를 붙인다. 의문문에는 의문사가 없는 의문문(Yes-No Question), 의문사가 있는 의문문(Wh-Question), 선택의문문, 부가의문문이 있다.

**1** 의문사가 없는 의문문

1. be동사·조동사의 경우: Be동사(조동사)+S+~?
   He is a good student.(그는 착한 학생이다.)
   Is he a good student?(그는 착한 학생인가요?)

- **Yes, he** is.(네, 그렇습니다.) / - **No, he** isn't.(아뇨, 그렇지 않습니다.)

**You** can **play the piano.**(너는 피아노를 칠 수 있다.)

Can **you play the piano?**(피아노를 칠 수 있어요?)

- **Yes, I** can.(네, 칠 수 있어요.) / - **No, I** can't.(아뇨, 칠 수 없어요.)

2. 일반 동사의 경우: Do(Does/Did)+S+동사원형 ~?

**You** love **Jane.**(너는 제인을 사랑한다.)

Do **you** *love* **Jane?**(제인을 사랑하세요?)

- **Yes, I** do.(네, 사랑합니다.) / - **No, I** don't.(아뇨, 사랑하지 않습니다.)

**He** came **yesterday.**(그는 어제 왔다.)

Did **he** *come* **yesterday?**(그는 어제 왔어요?)

- **Yes, he** did.(네, 왔어요.) / - **No, he** didn't.(아뇨, 안 왔어요.)

### 2 의문사가 있는 의문문

1. 의문사의 종류와 의문문 만드는 방법

의문사는 '무엇' '누구' '언제' 등을 묻는 의문문에 쓴다. 기본적으로 '의문사+be동사(do/does/did/조동사)+S ~?' 형태로 만든다.

| | |
|---|---|
| 의문대명사<br>문장에서 주어, 보어, 목적어를 묻는 경우 | **what: 무엇이(을)**<br>What **is that building over there?**(저기 저 건물은 뭐죠?)<br>- **That's City Hall.**(시청입니다.) |
| | **who: 누가, 누구를**<br>Who **is that girl?**(저 소녀는 누구죠?)<br>- **She is Nancy.**(낸시입니다.) |
| | **whose: 누구의, 누구 물건**<br>Whose **are those keys on the desk?**<br>(책상 위의 열쇠는 누구의 것이죠?)<br>- **They are Tom's.**(톰의 것이에요.) |
| | **which: 어느 것이(을)**<br>Which **is your watch?**(어느 것이 당신 시계죠?)<br>- **This one is.**(이것입니다.) |

2. 내용에 따른 문장의 종류

| | |
|---|---|
| **의문부사**<br>주어, 보어, 목적어 이외의 어구(부사)를 묻는 경우 | **when: 언제**<br><br>When **does the concert begin?**(언제 콘서트가 시작하죠?)<br>- At seven.(7시입니다.)<br><br>**where: 어디에(에서/로)**<br><br>Where **does she live?**(그녀는 어디에 사나요?)<br>- In New York.(뉴욕입니다.)<br><br>**why: 왜**<br><br>Why **didn't you lock the door?**(왜 문을 안 잠갔어요?)<br>- Sorry, I completely forgot.(미안해요, 깜빡 잊었어요.)<br><br>**how: 어떻게, 얼마나**(방법이나 정도를 묻는다)<br><br>How **did you get here so quickly?**<br>(어떻게 여기 이렇게 빨리 왔어요?)<br>- I took a taxi.(택시를 탔어요.)<br><br>How **is the weather?**(날씨 어때요?)<br>- It's cloudy.(흐려요.)<br><br>How far **is your house from the station?**<br>(역에서 당신 집까지 거리가 얼마나 되죠?)<br>- About two kilometers.(2킬로미터 정도입니다.) |
| **의문형용사**<br>의문대명사가 명사 앞에 쓰여 뒤에 있는 명사를 수식하는 형용사 역할을 하는 경우 | **what+명사: 어떤 ~**<br><br>What *sport* do you like?(어떤 스포츠를 좋아하세요?)<br>- I like football.(축구를 좋아합니다.)<br><br>**whose+명사: 누구의 ~**<br><br>Whose *jacket* is this?(이거 누구 재킷이죠?)<br>- It's Jane's.(제인의 것입니다.)<br><br>**which+명사: 어느 ~**<br><br>Which *book* did you read, *Animal Farm* or *Jane Eyre*?<br>(어느 책을 읽었어요, 동물농장인가요, 아니면 제인 에어인가요?) |

2. 의문사의 어순

의문사가 문장의 주어가 아닌 경우와 주어인 경우에 어순이 달라진다.

| 의문사가 문장의 주어가 아닌 경우 | 의문사+be동사(do/does/did/조동사)+S ~? 〈의문사+보통 의문문?〉<br>What are you looking for?(무얼 찾고 있어요?)<br>- I'm looking for my jacket.(내 재킷을 찾고 있어요.) |
|---|---|
| 의문사가 문장의 주어인 경우 | 의문사(S)+동사 ~? 〈평서문 어순 그대로〉<br>Who broke the window?(누가 창문을 깼죠?)<br>- Tom did.(톰이 깼어요.) |

### 3 부가의문문

자기가 한 말에 대해 상대방에게 동의를 구하거나 가볍게 확인하는 의문문을 부가의문문이라고 한다. 부가의문문은 긍정문인 경우는 부정형을, 부정문인 경우는 긍정형을 덧붙여 만든다.

부가의문문의 의미는 억양에 따라 달라진다. 말끝을 올려 말하면 자기 말에 확신이 없어 질문하는 의미가 되고, 내려서 발음하면 자기 말에 확신을 가지고 상대방에게 동의를 구하는 의미가 된다.

He *is* a doctor, isn't he?(그는 의사이지요?)

You *don't* go to school today, do you?(오늘 학교에 안 가죠?)

### 4 선택의문문

or를 써서 둘 중에 선택을 묻는 의문문을 선택의문문이라고 한다. or 앞의 말은 올려서 발음하고, or 뒤의 말은 내려서 발음한다. 선택의문문은 Yes나 No로 대답하지 않는다.

**Is Mr. Smith an Englishman or an American?**
(스미스 씨는 영국인인가요, 미국인인가요?)
- He is an Englishman.(영국인입니다.)

### 3 명령문

명령문은 상대방에게 명령·금지·충고·희망·요구 등의 의미를 나타내는 문장으로 보통 주어 You를 생략하고 동사원형으로 시작한다.

**1 긍정명령문**

동사원형으로 시작하고 명사·형용사인 경우에는 Be를 쓴다.
Be **careful, Tom.**(톰, 조심해.)
Listen **to me carefully.**(내 말을 잘 들으세요.)

**2 부정명령문**

'Don't(Never)+동사원형'으로 나타낸다.
Don't **be afraid.**(겁내지 마.)
Don't **ask me the reason.**(이유는 묻지 말아줘.)

**3 간접명령문**

'let A+동사원형' 형태로 상대방을 통해 1인칭·3인칭에 대한 명령문으로 권유·명령·가정·허가 등을 나타낸다.
**If you any trouble, please** let *me* **know.**(문제가 생기면 나한테 알려줘.)
Let *him* do it.(그가 하게 해줘요.)


### 4 감탄문

기쁨·슬픔·놀람 등의 감정을 나타내는 문장으로 What이나 How로 시작하고 문장 끝에 감탄부호(!)를 붙인다.

**1 How로 시작하는 감탄문**

'How+형용사(부사)+S+V ~!' 어순으로 형용사나 부사의 의미를 강조한다.
How *kind* she is!(그녀는 참 친절하다!)

**2 What으로 시작하는 감탄문**

'What+형용사+명사+S+V ~!' 어순으로 명사의 의미를 강조한다.
What *a kind person* she is!(그녀는 참 친절한 사람이다!)

# 3. 구조에 따른 문장의 종류

문장은 '주어+서술어'가 몇 개 있느냐에 따라 단문·중문·복문으로 나눌 수 있다.

## 1 단문

'주어+서술어'가 하나만 있는 문장을 단문이라고 한다.

<u>Dogs</u> <u>bark</u>. (개는 짖는다.)
　주어　서술어(동사)

<u>A chef living in New York</u> <u>made the potato chips</u>.
　　　　주어　　　　　　　　서술어(동사+목적어)

(뉴욕에 사는 요리사가 그 감자 칩을 만들었다.)

## 2 중문

둘 이상의 절(주어+서술어)이 등위접속사(and, but, or, for, so)로 대등한 관계로 연결된 문장을 중문이라고 한다.

<u>Jack</u> <u>arrived</u> and <u>we</u> <u>started the game</u>. (잭이 도착하고 우리는 게임을 시작했다.)
주어　서술어　　　　주어　　서술어

<u>Tom</u> <u>went to the party</u>, but <u>I</u> <u>didn't</u>. (톰은 파티에 갔지만, 나는 안 갔다.)
주어　　서술어　　　　　　주어 서술어

## 3 복문

절(주어+서술어)이 둘 이상 있고 그 중에 하나가 의미상 주절이 되고 나머지 절은 종속접속사(등위접속사 이외의 접속사), 관계사, 의문사로 연결된 종속절이 되는 문장을 복문이라고 한다.

명사절은 that, whether, if 등의 접속사나 의문사, 또는 관계대명사 what으로 연결된다.

<u>I can't believe</u> (that) <u>he is an artist</u>. (나는 그가 예술가라는 것을 믿을 수 없다.)
　주절　　　　　　　　종속절(명사절)

형용사절은 what 이외의 관계대명사나 관계부사에 연결된다.

I know a man who can fix the car.
　　주절　　　종속절(형용사절)

(나는 차를 수리할 수 있는 사람을 알고 있다.)

부사절은 시간·이유·조건·양보·목적 등을 나타내는 접속사로 연결된다.

When I came back, my sister was playing a computer games.
　종속절(부사절)　　　　　　　주절

(내가 돌아왔을 때 여동생은 컴퓨터게임을 하고 있었다.)

# 4. 문장의 5형식

## 1  1형식 문장의 기본형

### 1 가장 간단한 형태

| S | V |
|---|---|
| **Many planes** | **land.** |
| 많은 비행기가 | 착륙한다 |

### 2 수식어가 붙은 경우

장소·시간·상태 등의 정보를 덧붙일 때는 특별히 의미를 강조하는 경우를 제외하고 문장 끝에 붙인다.

| S | V | 수식어(부사구; 장소) |
|---|---|---|
| **Many planes** | **land** | **at the airport.** |
| 많은 비행기가 | 착륙한다 | 공항에 |

| S | V | 수식어(부사구; 시간) |
|---|---|---|
| **Many planes** | **land** | **every day.** |
| 많은 비행기가 | 착륙한다 | 매일 |

| S | V | 수식어(부사; 상태) |
|---|---|---|
| **Many planes** | **land** | **safely.** |
| 많은 비행기가 | 착륙한다 | 안전하게 |

### 3 수식어의 순서

장소와 시간을 나타내는 부사(구)를 함께 쓰는 경우 '장소+시간'의 순서로 쓰는 것이 원칙이고, 상태를 나타내는 부사는 비교적 자유롭게 쓸 수 있다.

| S | V | 수식어(부사구; 장소) | 수식어(부사구; 시간) |
|---|---|---|---|
| **Many planes** | **land** | **at the airport** | **every day.** |
| 많은 비행기가 | 착륙한다 | 공항에 | 매일 |

## 2  2형식 문장의 기본형

### 1 가장 간단한 형태

주어와 보어 사이에 'S는 C(의 상태)이다'라는 관계가 성립하는 문장이다. C의 위치에는 명사·대명사·형용사뿐만 아니라 부정사·분사·동명사·구·절 등을 쓸 수 있다.

| S | V | C(명사구) |
|---|---|---|
| **He** | **became** | **mayor of the city.** |
| 그는 | ~이 되었다 | 그 시의 시장 |

| S | V | C(형용사) |
|---|---|---|
| **We** | **weren't** | **happy.** |
| 우리는 | ~이지 않았다 | 만족하여 |

### 2 수식어가 붙은 경우

부사구는 특별히 그 의미를 강조하지 않는 한 문장 끝에 쓰는 것이 원칙이다. 부사구는 시간이나 장소 외에 with the hotel처럼 전치사를 써서 대상에 관한 정보를 나타낼 수 있다.

| S | V | C(명사구) | 수식어(부사구; 시간) |
|---|---|---|---|
| **He** | **became** | **mayor of the city** | **three years ago.** |
| 그는 | ~이 되었다 | 그 시의 시장 | 3년 전에 |

| S | V | C(형용사) | 수식어(부사구; 대상) |
|---|---|---|---|
| **We** | **weren't** | **happy** | **with the hotel.** |
| 우리는 | ~이지 않았다 | 만족하여 | 그 호텔에 |

## 3  3형식 문장의 기본형

### 1 가장 간단한 형태

3형식 문장은 기본적으로 'S가 O를 V한다'라고 해석할 수 있다. 동사 뒤에는 반드시 목적어가 온다. 이와 같은 형식으로 쓰이는 동사를 타동사라고 한다. 즉 3형식에는 타동사가 쓰인다.

이에 비해 목적어가 필요하지 않은 동사를 자동사라고 한다. 자동사는 1형식에 쓰이는 동사이다.

| S | V | O |
|---|---|---|
| **She** | **baked** | **a cake.** |
| 그녀는 | ~을 구웠다 | 케이크 |

| S | V | O |
|---|---|---|
| **We** | **saw** | **a gentleman with a bow tie.** |
| 우리는 | ~을 보았다 | 나비넥타이를 맨 신사 |

### 2 수식어가 붙은 경우

| S | V | O | 수식어(부사구; 시간) |
|---|---|---|---|
| **She** | **baked** | **a cake** | **this morning.** |
| 그녀는 | ~을 구웠다 | 케이크 | 오늘 아침에 |

4. 문장의 5형식

## 4  4형식 문장의 기본형

**1** 가장 간단한 형태

4형식은 목적어가 필요한 타동사 중에 목적어를 두 개 써서 '~에게 …을 ~해 주다'라는 의미를 나타내는 동사가 만드는 문장이다. 이런 동사를 수여동사라고 하며 '~에게'에 해당하는 것이 간접목적어(IO)이고, '~을'에 해당하는 것이 직접목적어(DO)이다. 직접목적어로는 부정사나 절이 쓰이기도 한다.

| S | V | IO | DO |
|---|---|---|---|
| She | gave | me | a cold. |
| 그녀는 | 옮겼다(주었다) | 나에게 | 감기를 |

간접목적어로 인칭대명사를 쓸 때는 me 또는 them과 같이 목적격을 쓴다. 고유명사는 그대로 써도 좋다.

**2** 3형식 문장으로 바꾸는 경우

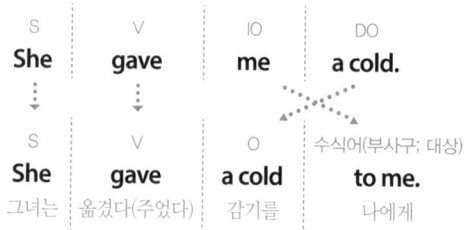

수여동사 중에는 간접목적어와 직접목적어의 순서를 바꿔 3형식 문장으로 고쳐 쓸 수 있는 것이 있다. 다만 그대로 바꿀 수는 없고 '직접목적어+전치사+간접목적어' 형식으로 전치사를 추가할 필요가 있다. 예문은 to를 이용했지만, 사용하는 전치사는 동사마다 정해져 있다.

- to를 쓰는 동사: bring, feed, give, leave, lend, offer, owe, pass, pay, promise, refuse, sell, send, show, teach, tell, write
- for를 쓰는 동사: buy, get, make, order, prepare
- of를 쓰는 동사: ask

## 5  5형식 문장의 기본형

5형식은 목적어와 그 목적어를 설명해주는 목적격보어를 쓰는 문장이다. 목적어와 목적격보어 사이에는 'O는 C(의 상태)이다'라는 관계 즉 주어와 술어 관계가 성립한다. 이것은 2형식의 주어와 보어 관계와 같다.
5형식에서 목적격보어로 쓰이는 것은 명사·대명사·형용사·부정사·분사이다.

**1** 목적격보어가 형용사인 경우

| S | V | O | C |
|---|---|---|---|
| **I** | **washed** | **my car** | **clean.** |
| 나는 | 세차했다 | 내 차를 | 깨끗하게 |

**2** 목적격보어가 명사인 경우

| S | V | O | C |
|---|---|---|---|
| **We** | **call** | **this flower** | **a daisy.** |
| 우리는 | 부른다 | 이 꽃을 | 데이지라고 |

# Part 2

# 문장의 5형식
활용 연습

# UNIT 01

## S는 O를 ~한다
## S+V(일반 동사)+O
I study English.

🔊 mp3 01-1

- Do you study English at school?
  [stʌ́di] 공부하다, 배우다
- Yes, I do. I study English at school.
- How often a week do you study English?
  How often a week?(1주일에 몇 번?)
- I study it four times a week.
  ~ times a week(1주일에 ~번)
- Did you study English yesterday?
  [jéstərdèi] 어제
- No, I didn't. I didn't study it yesterday.
- What subject did you study yesterday?
  [sʌ́bdʒikt] 과목
- I studied mathematics yesterday.
  [mæ̀θəmǽtiks] 수학
- What other subjects did you study yesterday?
  [ʌ́ðər] 다른 ~
- I studied Korean, science and social studies.
  [kɔːríːən] 한국어  [sáiəns] 과학  [sóuʃəl stʌ́diz] 사회

### 본문 해석

A: 학교에서 영어를 배우니? / B: 그래. 학교에서 영어를 배워. / A: 1주일에 몇 번 영어를 배우니? / B: 1주일에 4번 배워. / A: 어제 영어를 배웠니? / B: 아니. 어제는 배우지 않았어. / A: 어제는 무슨 과목을 배웠어? / B: 수학을 배웠어. / A: 무슨 다른 과목도 배웠니? / B: 한국어, 과학, 사회를 배웠어.

## 문장 형식 분석

| S | V | O |
|---|---|---|
| I | study | English. |

PART 2 문장의 5형식 활용 연습

| S | V | O | 수식어(횟수) | 수식어(시간) |
|---|---|---|---|---|
| I | studied | mathematics | four times | last week. |

↳ 이 형식에 쓰이는 일반 동사를 타동사라고 부른다. 타동사는 반드시 목적어가 있어야 한다.

## 문법 해설

### 1 규칙동사 과거형 만드는 방법

| 일반적으로 동사원형에 -ed를 붙인다. | walk+ed → walked<br>want+ed → wanted |
|---|---|
| -e로 끝나는 동사는 -d만 붙인다. | live+d → lived<br>use+d → used |
| '자음+y'로 끝나는 동사는 y를 i로 고치고 -ed를 붙인다. | study: studi+ed → studied<br>try: tri+ed → tried |
| '모음+y'로 끝나는 동사는 -ed만 붙인다. | play+ed → played<br>stay+ed → stayed |
| '단모음+자음'으로 끝나는 1음절의 동사는 마지막 자음을 겹쳐 쓰고 -ed를 붙인다. | stop+ped → stopped<br>plan+ned → planned |

### 2 -ed를 발음하는 방법

| [d] 이외의 유성음 다음에서는 [d]로 발음한다. | played[plei-d] / studied[stʌdi-d] |
|---|---|
| [t] 이외의 무성음 다음에서는 [t]로 발음한다. | watched[wɑ:tʃ-t] / washed[wɑ:ʃ-t] |
| [d]와 [t] 다음에서는 [id]로 발음한다. | wanted[wɑ:nt-id] / needed[ni:d-id] |

## 문장 따라 말하기 연습

### STEP 1  기본 문장 따라 말하기 연습
🔊 mp3 01-2

다음 문장을 듣고, 입에 붙을 때까지 반복해서 소리 내어 따라 말해보세요.

1. **How often a week do you study mathematics?**
   당신들은 1주일에 몇 번 수학을 배웁니까?

2. **We study mathematics five times a week.**
   우리는 1주일에 다섯 번 수학을 배웁니다.

3. **How many times did you study social studies last week?**
   당신들은 지난주에 몇 번 사회를 배웠습니까?

4. **We studied social studies three times last week.**
   우리는 지난주에 사회를 세 번 배웠습니다.

> How many times? = How often? / last week: 지난주

### STEP 2  응용 문장 따라 말하기 연습
🔊 mp3 01-3

다음 문장을 듣고, 입에 붙을 때까지 반복해서 소리 내어 따라 말해보세요.

1. **My father played golf last Sunday.**
   지난 일요일에 아버지는 골프를 치셨다.

2. **I washed my dog yesterday morning.**
   나는 어제 오전에 개를 씻겼다.

3. **My sister needed a English-Korean dictionary yesterday afternoon.**
   어제 오후에 여동생은 영한사전이 필요했다.

4. **She wanted some ice cream last night.**
   어젯밤에 그녀는 아이스크림을 먹고 싶었다.

> played〈play(놀다)의 과거형 / washed〈wash(씻다)의 과거형 / needed〈need(필요로 하다)의 과거형 / wanted〈want(원하다)의 과거형 / ice cream: 아이스크림

# 묻기 · 대답하기 연습

해답 272쪽

## 기본 문장 묻기·대답하기 연습

🔊 mp3 **01-4**

다음의 문장을 이용해서 지시에 따라 문장을 만들고 대화 연습을 해 보세요.

### I studied English yesterday.

1. 의문문으로 >>
2. 1.의 대답 >>
3. mathematics? >>
4. 3.의 대답 >>
5. What? >>
6. 5.의 대답 >>

## 응용 문장 묻기·대답하기 연습

🔊 mp3 **01-5**

다음의 문장을 이용해서 지시에 따라 문장을 만들고 대화 연습을 해 보세요.

### My father watched television last night.

1. 의문문으로 >>
2. 1.의 대답 >>
3. wash a television set? >>
4. 3.의 대답 >>
5. What, do? >>
6. 5.의 대답 >>

# UNIT 02

### S는 (시간·장소 등에) ~한다
## S+V(일반 동사)+수식어
### I went to school yesterday.

🔊 mp3 02-1

- Did you go to school yesterday?
  [gou] 가다
- Yes, I did. I went to school yesterday.
  [went] go의 과거형
- How did you go to school yesterday?
  [hau] 어떻게
- I went to school by bus.
  버스로
- Did you come home from school by bus, too?
  [kʌm] 오다  [houm] 집에
- No, I didn't. I walked.
  [wɔːkt] walk의 과거형
- Did you walk all the way home from school?
  (어떤 거리를) 줄곧, 도중 내내
- Yes, I did. I walked all the way home from school.

### 본문 해석

A: 어제 학교에 갔었어? / B: 그래, 어제 학교에 갔었어. / A: 어제 어떻게 학교 갔어? / B: 버스를 타고 갔어. / A: 집에 올 때도 버스를 탔니? / B: 아니, 걸어 왔어. / A: 집까지 쭉 걸어서 왔니? / B: 그래, 쭉 걸어서 왔어.

## 문장 형식 분석

| S | V | 수식어(장소) | 수식어(시간) | |
|---|---|---|---|---|
| I | went | to school | yesterday. | |

| S | V | 수식어(거리) | 수식어(장소) | 수식어(장소) |
|---|---|---|---|---|
| I | walked | all the way | home | from school. |

♪ 이 형식에 쓰이는 일반 동사를 자동사라고 한다. 타동사는 반드시 목적어가 필요한 동사이지만, 자동사는 목적어가 필요 없는 동사다.

## 문법 해설

### 1 불규칙동사의 과거형

규칙동사의 과거형〈Unit 1〉은 동사원형에 -ed를 붙여 만들지만, go나 come 같은 동사의 과거형은 went, came으로 형태가 불규칙하게 변한다. 이런 동사를 불규칙동사라고 하는데 일상생활에 많이 쓰이는 동사이므로 일일이 외워두어야 한다.

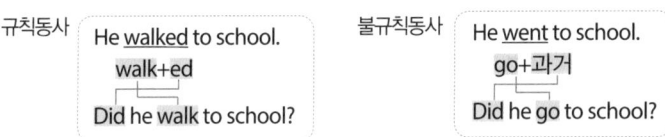

규칙동사
He walked to school.
walk+ed
Did he walk to school?

불규칙동사
He went to school.
go+과거
Did he go to school?

### 2 How did you go ~?

의문사 How는 '어떻게, 어떤 방법으로'라는 의미이므로 '어떤 교통기관을 이용하는가?'라는 의미가 된다. 대답은 'I went(came) by+교통기관'으로 하는데 이 경우 교통기관을 나타내는 bus, car, taxi, boat, train, plane에는 관사 a를 붙이지 않는다.

### 3 빈도를 나타내는 부사

I always go to school by bus.  〈항상(100%~90%)〉
  usually                       〈보통(80%~70%)〉
  often                         〈자주(60%~40%)〉
  sometimes                     〈가끔(30%~10%)〉
  never                         〈절대로 ~하지 않는다(0%)〉

### 4 3인칭 단수 현재형의 -s, -es 붙이는 방법

| 대부분의 동사 | -s | plays, comes, runs, starts |
|---|---|---|
| o, s, ss, sh, ch, x로 끝나는 동사 | -es | goes, passes, washes, teaches |
| '자음+y'로 끝나는 동사 | y를 i로 고치고 -es | study → studies |

### 5 3인칭 단수 현재형 -s, -es 발음

| 무성음 [f, k, p, t] 다음 | [s] | laughs, looks, stops, starts |
|---|---|---|
| 유성음 다음 | [z] | plays, stands, tells, comes, sings, lives |
| [s, z, ʃ, tʃ, dʒ] 소리 다음 | [iz] | dances, rises, washes, catches, changes |

# 문장 따라 말하기 연습

### 기본 문장 따라 말하기 연습
🔊 mp3 **02-2**

다음 문장을 듣고, 입에 붙을 때까지 반복해서 소리 내어 따라 말해보세요.

1. **I go to bed very early at night.**
   나는 밤에 아주 일찍 잔다.

2. **He went to the movies yesterday afternoon.**
   그는 어제 오후에 영화를 보러 갔었다.

3. **My father comes home very late every evening.**
   아버지는 매일 저녁 늦게 귀가하신다.

4. **He came home from the subway station by taxi last night.**
   그는 어젯밤 지하철역에서 택시를 타고 귀가했다.

> at night: 밤에 / go to (the) movies: 영화 보러 가다 / late: 밤늦게

### 응용 문장 따라 말하기 연습
🔊 mp3 **02-3**

다음 문장을 듣고, 입에 붙을 때까지 반복해서 소리 내어 따라 말해보세요.

1. **My father walks to the subway station every morning.**
   아버지는 매일 아침 지하철역까지 걸어가신다.

2. **My mother often goes to the supermarket downtown.**
   어머니는 자주 시내에 있는 슈퍼마켓에 가신다.

3. **My uncle started for America last Sunday.**
   삼촌은 지난 일요일에 미국으로 떠나셨다.

4. **My brother returned from his trip around New York.**
   형은 뉴욕 여행에서 돌아왔다.

> supermarket: 슈퍼마켓 / downtown: 시내에(로); 시내에 있는 / start for ~: ~로 출발하다 / return from ~: ~에서 돌아오다 / trip: 여행 / around ~: ~을 일주하여

# 묻기·대답하기 연습

해답 272쪽

 **기본 문장 묻기·대답하기** 연습 　　🔊 mp3 02-4

다음의 문장을 이용해서 지시에 따라 문장을 만들고 대화 연습을 해 보세요.

**I went to school by bus yesterday morning.**

1. 의문문으로 >>
2. 1.의 대답 >>
3. this morning? >>
4. 3.의 대답 >>
5. When? >>
6. 5.의 대답 >>

 **응용 문장 묻기·대답하기** 연습 　　🔊 mp3 02-5

다음의 문장을 이용해서 지시에 따라 문장을 만들고 대화 연습을 해 보세요.

**The American came to Korea by plane.**

1. 의문문으로 >>
2. 1.의 대답 >>
3. by boat? >>
4. 3.의 대답 >>
5. How? >>
6. 5.의 대답 >>

# UNIT 03

S는 (~에) 있다 / S는 ~다
**S+V**(be동사)**+수식어 / S+V**(be동사)**+C**(명사)
I am in the eighth grade. / I am a junior high student.

🔊 mp3 **03-1**

- Are you a senior high student?
- No, I'm not. I'm a junior high student.
- What grade are you in now?
- I'm in the eighth grade now.
- When were you in the seventh grade?
- I was in the seventh grade a year ago.
- Was your father a student in that college many years ago?
- Yes, he was. He was in that college many years ago.
- How many years ago was he a student in that college?
- He was a student there twenty years ago.

### 본문 해석

A: 고등학생인가요? / B: 아뇨. 중학생이에요. / A: 지금 몇 학년이죠? / B: 중학교 2학년이에요. / A: 중학교 1학년이었던 게 언제였죠? / B: 1년 전에는 중학교 1학년이었어요. / A: 오래 전에 아버지가 저 대학의 학생이셨죠? / B: 네. 오래 전에 저 대학을 다니셨어요. / A: 저 대학 학생이셨던 게 몇 년 전이죠? / B: 20년 전이에요.

## 문장 형식 분석

| S | V | 수식어(부사구) | |
|---|---|---|---|
| I | am | in the eighth grade. | |

| S | V | 수식어(부사구) | 수식어(시간) |
|---|---|---|---|
| He | was | in that college | many years ago. |

✥ 이 형식에 쓰는 be동사는 'S+V(be동사)+C(형용사)' 형식의 be동사와는 다르게 보어가 필요 없는 완전자동사다. 보어의 도움도 필요로 하지 않고 목적어도 필요 없는 동사를 완전자동사라고 한다.

완전자동사는 '주어+동사'만으로 쓰이기도 하지만, 대개는 부사(구)와 함께 쓰이는 경우가 많다. 부사구는 수식어이므로 문형에는 관여하지 않지만, 실제에서는 부사구가 없으면 뜻이 통하지 않는 경우가 있다.

| S | V | C(명사) |
|---|---|---|
| I | am | a junior high student. |

✥ 이 형식의 be동사는 반드시 보어와 함께 쓰여 'S는 C이다'라는 관계를 나타낸다. 보어가 필요한 동사를 불완전자동사라고 한다.

be동사의 경우 '있다, 존재하다'라는 의미이면 완전자동사이고, '~이다, ~하다'라는 의미로 쓰이면 불완전자동사다.

## 문법 해설

### 1 What grade are you in now?

'무슨 ~입니까?, 어떤 ~입니까?'이라고 물을 때는 의문형용사 what을 써서 what flower(무슨 꽃), what color(어떤 색깔)처럼 'what+명사' 형식을 이용한다. 'what+명사' 뒤는 의문문 어순으로 한다.

|   |   | I | am | in the 8th grade | now. |
|---|---|---|---|---|---|
|   | Are | you |   | in the 8th grade | now? |
|   | Are | you |   | in what grade | now? |
| What grade | are | you |   | in | now? |

## 문장 따라 말하기 연습

### 기본 문장 따라 말하기 연습
🔊 mp3 03-2

다음 문장을 듣고, 입에 붙을 때까지 반복해서 소리 내어 따라 말해보세요.

1. **What grade is he in?**
   그는 몇 학년이죠?

2. **How long ago was he in this school?**
   그가 이 학교에 다닌 지 얼마나 됐어요?

3. **How many months ago was he in the 7th grade?**
   그가 중학교 1학년이었던 게 몇 달 전이죠?

4. **How many years ago was he a student in this school?**
   그가 이 학교 학생이었던 게 몇 년 전이죠?

How many months ago?: 몇 개월 전에

### 응용 문장 따라 말하기 연습
🔊 mp3 03-3

다음 문장을 듣고, 입에 붙을 때까지 반복해서 소리 내어 따라 말해보세요.

1. **Where is your mother? – She is in the kitchen.**
   어머니 어디 계시니? – 부엌에 계세요.

2. **Where are the children? – They are in the playground.**
   아이들은 어디 있어요? – 놀이터에 있어요.

3. **Where is your school? – It is in the center of the city.**
   당신 학교는 어디 있어요? – 시내에 있어요.

4. **Where were you an hour ago? – I was on my way home from school.**
   1시간 전에 어디 있었어요? – 학교에서 집으로 오는 중이었어요.

kitchen: 부엌 / children: 아이들. 단수형은 child / playground: 운동장, 놀이터 /
in the center of ~: ~의 중간에 / on my way home: 집에 돌아오는 도중에

# 묻기·대답하기 연습

해답 272쪽

## STEP 1 기본 문장 묻기·대답하기 연습

🔊 mp3 03-4

다음의 문장을 이용해서 지시에 따라 문장을 만들고 대화 연습을 해 보세요.

> **I am in the 8th grade now.**

1. 의문문으로 >>
2. 1.의 대답 >>
3. in the 7th grade? >>
4. 3.의 대답 >>
5. What grade? >>
6. 5.의 대답 >>

## STEP 2 응용 문장 묻기·대답하기 연습

🔊 mp3 03-5

다음의 문장을 이용해서 지시에 따라 문장을 만들고 대화 연습을 해 보세요.

> **I was on the bus half an hour ago.**

1. 의문문으로 >>
2. 1.의 대답 >>
3. at your school? >>
4. 3.의 대답 >>
5. Where? >>
6. 5.의 대답 >>

# UNIT 04

S는 ~다
**S+V**(be동사)**+C**(형용사)
I am very busy.

🔊 mp3 04-1

- Are you busy today?
- Yes, I am. I'm very busy today.
  [bizi] 바쁜
- Is John free, then?
  [fri:] 한가한  [ðen] 그러면
- No, he isn't. He is busy, too. He is much busier than I.
  [bizier] busy의 비교급
- Where is Bill, then?
- He is absent today.
  [æbsənt] 결석한
- Oh, is he? I didn't know that. Was he absent yesterday, too?
  [nou] 알고 있다
- Yes, he was. He was sick in bed yesterday.
  아파누운

📖 **본문 해석**

A: 오늘 바빠? / B: 그래. 오늘은 정말 바쁘다. / A: 그럼, 존은 한가해? / B: 아니. 존도 바빠. 존은 나보다 더 바빠. / A: 그럼 빌은 어디 있어? / B: 오늘 빌은 결석했어. / A: 그래? 몰랐어. 어제도 결석했어? / B: 그래. 어제 그는 아파서 누워 있었어.

## 문장 형식 분석

| S | V | C(형용사) | |
|---|---|---|---|
| I | am | very busy. | |

| S | V | C(형용사) | 수식어(부사절) |
|---|---|---|---|
| He | is | much busier | than I. |

♪ 이 형식의 be동사는 불완전자동사로 'S는 C의 성질·상태다'라는 의미로 쓰였다.

♪ than I는 형용사 비교급 busier를 수식하는 부사절로 '내가 바쁜 것보다(=than I am busy)'라는 의미. than 다음에 앞 부분과 같은 말이 반복되므로 생략한 것이다.

## 문법 해설

### 1 형용사의 두 가지 용법

형용사는 상태·성질·감정 등을 나타내는 말로 보어로 쓰이거나 명사를 수식하는 역할을 한다.

문장에서 주격보어나 목적격보어로 쓰여 주어나 목적어의 동작이나 상태를 설명해 주는 용법을 형용사의 서술용법이라고 하고, 명사의 앞이나 뒤에서 직접 그 명사를 수식하는 용법을 형용사의 한정용법이라고 한다.

① **This flower is** pretty. 〈서술용법〉
② **This is a** pretty **flower.** 〈한정용법〉

즉 ①과 같이 'S+V(be동사)+C'의 C(보어)로 쓰여 '예쁘다'라고 설명하는 용법과 ②와 같이 직접 명사를 수식해서 '예쁜+꽃'이라고 한정하는 용법을 말한다.

대부분의 형용사는 sick처럼 서술용법과 한정용법 두 가지로 쓰이지만, ill, asleep, awake, alive, afraid 등의 형용사는 서술용법으로만 쓸 수 있다.

He is sick. (○) 〈서술용법〉
He is a sick man. (○) 〈한정용법〉

He is ill. (○) 〈서술용법〉
He is an ill man. (×) 〈한정용법〉

That cat is asleep. (○)
That is an asleep cat. (×)
That is a sleeping cat. (○)

### 2 비교급을 강조하는 말

'훨씬, 더욱'이라는 뜻으로 비교급의 의미를 강조할 때는 비교급 앞에 much를 쓴다.

Mark is much *taller* than John. (○)
Mark is very taller than John. (×)

# 문장 따라 말하기 연습

## STEP 1 기본 문장 따라 말하기 연습

🔊 mp3 **04-2**

다음 문장을 듣고, 입에 붙을 때까지 반복해서 소리 내어 따라 말해보세요.

1. **I am very hungry now.**
   지금 나는 배가 몹시 고프다.

2. **My mother was very tired last night.**
   어젯밤 어머니는 몹시 피곤하셨다.

3. **Bob is always sleepy at school.**
   밥은 항상 수업 시간에 존다.

4. **My sister is very good at tennis.**
   내 여동생은 테니스를 정말 잘 한다.

hungry: 배고픈 / tired: 피곤한 / sleepy: 졸린 / (be) good at ~: ~을 잘 하다

## STEP 2 응용 문장 따라 말하기 연습

🔊 mp3 **04-3**

다음 문장을 듣고, 입에 붙을 때까지 반복해서 소리 내어 따라 말해보세요.

1. **Bill was absent from school yesterday.**
   어제 빌은 학교에 결석했다.

2. **All the members were present at the club meeting.**
   회원 모두가 클럽 모임에 참석했다.

3. **We were all in time for school this morning.**
   오늘 아침 우리는 모두 학교에 제시간에 왔다.

4. **Tom was late for school yesterday morning.**
   어제 아침 톰은 학교에 지각했다.

(be) absent from ~: ~에 결석하다 / (be) present at ~: ~에 참석하다 / member: 멤버, 회원 / club meeting: 클럽 모임 / (be) in time for ~: ~에 늦지 않다 / (be) late for ~: ~에 늦다, ~에 지각하다

# 묻기·대답하기 연습

해답 273쪽

## STEP 1  기본 문장 **묻기·대답하기** 연습

 mp3 **04-4**

다음의 문장을 이용해서 지시에 따라 문장을 만들고 대화 연습을 해 보세요.

> **I am very hungry now.**

1. 의문문으로 >>
2. 1.의 대답 >>
3. very happy? >>
4. 3.의 대답 >>
5. How? >>
6. 5.의 대답 >>


## STEP 2  응용 문장 **묻기·대답하기** 연습

 mp3 **04-5**

다음의 문장을 이용해서 지시에 따라 문장을 만들고 대화 연습을 해 보세요.

> **Bob was absent from the club meeting yesterday.**

1. 의문문으로 >>
2. 1.의 대답 >>
3. from school? >>
4. 3.의 대답; No, >>
5. What ~ from? >>
6. 5.의 대답 >>

UNIT 4 **S+V**(be동사)**+C**(형용사)

# UNIT 05

S는 ~다
**S+V**(be동사)**+C**(명사)
Sunday is the first day of the week.

🔊 mp3 05-1

- How is the weather today?
  [weðər] 날씨  [tədéi] 오늘
- It is very fine today.
  [fain] 좋은, 맑은
- How was the weather yesterday?
- It was a little cloudy.
  조금  [kláudi] 흐린
- What day of the week was it yesterday?
- It was Sunday.
- Is Sunday the last day of the week?
  [læst] 맨 마지막의
- No, it isn't. Sunday is the first day of the week.
  [fə:rst] 첫 번째의
- What is the shortest month of the year?
  [ʃɔ́:rtist] short의 최상급  [mʌnθ] 월
- February is. February is the shortest month of the year.
  [fébruèri] 2월

## 본문 해석

A: 오늘 날씨 어때? / B: 정말 좋은 날씨야. / A: 어제는 날씨가 어땠어? / B: 약간 흐렸어. / A: 어제는 무슨 요일이었어? / B: 일요일이었어. / A: 일요일이 한 주의 마지막 날이니? / B: 아니. 한 주의 첫 번째 날이야. / A: 1년 중에 가장 짧은 달은 몇 월이니? / B: 2월이야. 2월이 가장 짧은 달이야.

## 문장 형식 분석

| S | V(be동사) | C(명사) |
|---|---|---|
| **Sunday** | **is** | **the first day of the week.** |

♪ 이 형식은 S와 C를 be동사로 연결해서 'S=C'의 관계를 나타낸다. S와 C는 수학의 등호처럼 양쪽이 같으므로 The first day of the week is Sunday.라고 해도 된다.

| S | V(be동사) | C(명사) |
|---|---|---|
| **What** | **is** | **the shortest month of the year?** |

↳ 이 형태는 the shortest month of the year를 주어라고 생각해도 되지만, 짧은 것을 주어로 하는 것이 일반적이다.

## 문법 해설

### 1 How is the weather today?

How ~?는 상태·방법을 물을 때 쓴다. How 다음은 의문문 어순으로 한다.

|  | The weather is | fine | today. |
|---|---|---|---|
|  | Is the weather | fine | today? |
|  | Is the weather | how | today? |
| How | is the weather |  | today? |

### 2 의문형용사: what+명사 ~?

⟨비교⟩ What **is this?**(이거 뭐죠?) ⟨의문대명사⟩
What *flower* **is this?**(이거 무슨 꽃이죠?) ⟨의문형용사⟩

### 2 What ~?과 How ~?

What은 명사를 묻는 의문사이고, How는 형용사나 부사를 묻는 의문사이므로 구별해서 써야 한다.

1. What ~?: 명사를 묻는 의문사
   This is *a book*. → What is this?(이거 뭐죠?)
   It is *Sunday*. → What day of the week is it?(무슨 요일이죠?)

2. How ~?: 형용사·부사를 묻는 의문사
   I am *sick*. → How are you?(어떠세요?)
   He speaks *fast*. → How does he speak?(어떻게 말하죠?)

# 문장 따라 말하기 연습

## STEP 1  기본 문장 따라 말하기 연습   ◁: mp3 05-2

다음 문장을 듣고, 입에 붙을 때까지 반복해서 소리 내어 따라 말해보세요.

1. **Is Sunday the first day of the week?**
   일요일이 한 주의 첫 번째 날입니까?

2. **Is the first day of the week Sunday?**
   한 주의 첫 번째 날이 일요일입니까?

3. **Is Sunday the first day of the week or the last day of the week?**
   일요일은 한 주의 첫 번째 날입니까, 마지막 날입니까?

4. **Is the first day of the week Sunday or Monday?**
   한 주의 첫 번째 날은 일요일입니까, 월요일입니까?

## STEP 2  응용 문장 따라 말하기 연습   ◁: mp3 05-3

다음 문장을 듣고, 입에 붙을 때까지 반복해서 소리 내어 따라 말해보세요.

1. **January is the first month of the year.**
   1월은 한 해의 첫 번째 달이다.

2. **Winter is the last season of the year.**
   겨울은 한 해의 마지막 계절이다.

3. **New York is the largest city in the world.**
   뉴욕은 세계에서 가장 큰 도시다.

4. **Washington is the capital of the United States.**
   워싱턴은 미국의 수도이다.

> January: 1월 / winter: 겨울 / season: 계절 / largest〈large의 최상급〉 / world: 세계 /
> Washington: 워싱턴 / capital: 수도 / the United States: 미국

# 묻기·대답하기 연습

## STEP 1 기본 문장 묻기·대답하기 연습

다음의 문장을 이용해서 지시에 따라 문장을 만들고 대화 연습을 해 보세요.

> **It was Wednesday yesterday.**

1. 의문문으로 >>
2. 1.의 대답 >>
3. Thursday? >>
4. 3.의 대답 >>
5. What day of the week? >>
6. 5.의 대답 >>

## STEP 2 응용 문장 묻기·대답하기 연습

다음의 문장을 이용해서 지시에 따라 문장을 만들고 대화 연습을 해 보세요.

> **New York is the largest city in the world.**

1. 의문문으로 >>
2. 1.의 대답 >>
3. Suwon? >>
4. 3.의 대답 >>
5. What? >>
6. 5.의 대답 >>

## UNIT 06

S가 있다
# There is(are)+S
There are some English books on the bookshelf.

🎧 mp3 06-1

- Are there any English books on the bookshelf?
- Yes, there are. There are some English books on it.
- Are there any comic books on it, too?
- No, there aren't. There aren't any comic books on it.
- Is there any coffee in the can in the cupboard?
- Yes, there is. There is a lot of coffee in it.
- How much coffee is there in it?
- There are two pounds of coffee in it.
- Is there any ice in the refrigerator?
- Yes, there is. There is some, but not much.
- Was there much ice in it a few minutes ago?
- Yes, there was. There was a lot of ice a few minutes ago.

### 본문 해석

A: 책꽂이에 영어책이 있어? / B: 그래. 영어책이 몇 권 있어. / A: 만화책도 좀 있어? / B: 아니. 만화책은 한 권도 없어. / A: 찬장에 있는 통에 커피가 좀 있니? / B: 그래. 커피가 많이 있어. / A: 얼마나 있어? / B: 2파운드 있어. / A: 냉장고에 얼음이 좀 있니? / B: 그래. 많지는 않고 조금 있어. / A: 좀 전에는 얼음이 많이 있었지? / B: 그래. 좀 전에는 많았어.

## 문장 형식 분석

| There | are | some English books | on the bookshelf. |
|---|---|---|---|
|  | V | S | 수식어 |

♪ 문장 형식 중에 이것만이 예외적으로 주어가 be동사 뒤에 오고 주어 자리에 there를 쓰는 어순이므로 There is(are) ~ 형식으로 따로 다루는 것이다. 이 there는 '저기에, 저기에'라는 부사 본래의 의미는 없고, 존재의 의미를 강조하기 위해 특별한 의미 없

이 쓰인 것으로 유도부사라고 한다. 이 형식을 쓰는 이유는 뒤에 나오는 주어에 대한 관심을 유도하기 위한 것이다. 주어로는 특정하지 않은 사람이나 사물을 써야 하며 문법상의 주어는 there이므로 there로 물은 경우에는 대답도 there로 해야 한다.

## 문법 해설

### 1 some과 any의 용법

some과 any는 '다소, 얼마간의'라는 막연한 수량을 나타내는 부정대명사로 명사의 복수 앞에 쓰거나 셀 수 없는 명사 앞에 쓰기도 한다. 일반적으로 some은 긍정문에, any는 의문문·부정문에 쓰인다.

1. 주어가 셀 수 있는 명사일 때

    There are some books on the desk.(책상 위에 책이 몇 권 있다.) 〈긍정문〉
    Are there any books on the desk?(책상 위에 책이 몇 권 있나요?) 〈의문문〉
    There aren't any books on the desk.(책상 위에 책이 한 권도 없다.) 〈부정문〉

2. 주어가 셀 수 없는 명사일 때

    There is some milk in the bottle.(병에 우유가 좀 있다.) 〈긍정문〉
    Is there any milk in the bottle?(병에 우유가 좀 있나요?) 〈의문문〉
    There isn't any milk in the bottle.(병에 우유가 하나도 없다.) 〈부정문〉

### 2 많은 양을 나타내는 표현

1. 수: There are many(a lot of) + 셀 수 있는 명사
2. 양: There are a lot of + 셀 수 없는 명사

수가 많다고 하는 경우 many는 긍정문·부정문·의문문에 모두 쓸 수 있지만, 양이 많다고 하는 경우 긍정문에 much를 쓰면 문어적인 표현이 되므로 일상영어에서는 거의 쓰지 않는다. 따라서 There is much coffee in the can.이 아니라 There is a lot of coffee in the can.이라고 한다.

### 3 There is a book ~.과 The book is ~. 의문문 비교

- There is a book on the desk.
    → Is there a book on the desk?
    → What is there on the desk?
    → Where is there a book?

- The book is on the desk.
    → Is the book on the desk?
    → What is on the desk?
    → Where is the book?

## 문장 따라 말하기 연습

 **기본 문장** 따라 말하기 연습  mp3 06-2

다음 문장을 듣고, 입에 붙을 때까지 반복해서 소리 내어 따라 말해보세요.

1. **There are sixty seconds in a minute.**
   1분은 60초다.

2. **There are sixty minutes in an hour.**
   1시간은 60분이다.

3. **There are twenty-four hours in a day.**
   하루는 24시간이다.

4. **There are three hundred and sixty-five days in a year.**
   1년은 365일이다.

second(s): 초 / minute(s): 분 / hour(s): 시간 / year(s): 년

 **응용 문장** 따라 말하기 연습  mp3 06-3

다음 문장을 듣고, 입에 붙을 때까지 반복해서 소리 내어 따라 말해보세요.

1. **There was an old house on the hill two years ago.**
   2년 전에 언덕 위에 낡은 집이 있었다.

2. **There were two benches under the tree a week ago.**
   일주일 전에 그 나무 밑에 벤치가 두 개 있었다.

3. **There was a lot of ice cream in the refrigerator an hour ago.**
   1시간 전에 냉장고에 아이스크림이 많이 있었다.

4. **There were many apples on the apple tree three days ago.**
   3일 전에 사과나무에 사과가 많이 있었다.

hill: 언덕, 작은 산 / bench(es): 벤치 / ice cream: 아이스크림 / apple tree: 사과나무

# 묻기 · 대답하기 연습

해답 274쪽

### 기본 문장 묻기·대답하기 연습

🔊 mp3 06-4

다음의 문장을 이용해서 지시에 따라 문장을 만들고 대화 연습을 해 보세요.

**There are seven days in a week.**

1. 의문문으로 >>
2. 1.의 대답 >>
3. thirty days? >>
4. 3.의 대답 >>
5. How many? >>
6. 5.의 대답 >>

### 응용 문장 묻기·대답하기 연습

🔊 mp3 06-5

다음의 문장을 이용해서 지시에 따라 문장을 만들고 대화 연습을 해 보세요.

**There was some ice in the refrigerator a few minutes ago.**

1. 의문문으로 >>
2. 1.의 대답 >>
3. ice cream? >>
4. 3.의 대답 >>
5. What? >>
6. 5.의 대답 >>

# UNIT 07

S는 ~하고 있다 / S는 O를 ~하고 있다

**S+V**(일반동사 진행형)/**S+V**(일반동사 진행형)**+O**

I was helping my mother in the kitchen.

🔊 mp3 07-1

- What are you doing now?
- I am eating dinner now.
- What were you doing fifteen minutes ago?
- I was helping my mother in the kitchen.
- What were you doing an hour ago?
- I was watching a movie on television.
- Were you watching television an hour ago and a half ago?
- No, I wasn't. I was listening to the radio.
- What were you listening to on the radio?
- I was listening to an English program.

### 본문 해석

A: 지금 뭐하고 있어? / B: 지금 저녁을 먹고 있어. / A: 15분 전에는 뭘 하고 있었니? / B: 부엌에서 어머니를 도와 드리고 있었어. / A: 한 시간 전에는 뭘 하고 있었니? / B: 텔레비전에서 하는 영화를 보고 있었어. / A: 한 시간 반 전에 텔레비전을 보고 있었니? / B: 아니야. 라디오를 듣고 있었어. / A: 라디오에서 뭘 듣고 있었니? / B: 영어 프로그램을 듣고 있었어.

## 문장 형식 분석

| S | V(과거진행형) | O | 수식어(장소) |
|---|---|---|---|
| I | was helping | my mother | in the kitchen. |

♣ 진행시제는 기준이 되는 시점을 중심으로 진행 중인 동작을 표현하는 것으로 이 형식뿐만 아니라 'S+V(be동사)+부사(구)' 'S+V(be동사)+C' 형식 이외의 모든 형식에 쓸 수 있다.

## 문법 해설

### 1 진행형의 형태

1. 현재진행형; am(are, is)+현재분사

| 단수 | | | 복수 | | |
|---|---|---|---|---|---|
| I | am | | We | are | |
| You | are | + -ing형(현재분사) | You | are | + -ing형(현재분사) |
| He/she/It | is | | They | are | |

2. 과거진행형; was(were)+현재분사

| 단수 | | | 복수 | | |
|---|---|---|---|---|---|
| I | was | | We | were | |
| You | were | + -ing형(현재분사) | You | were | + -ing형(현재분사) |
| He/She/It | was | | They | were | |

### 2 현재분사(동사원형+ing) 만드는 방법

| | |
|---|---|
| 대부분의 동사는 원형에 -ing를 붙인다. | doing, playing, studying |
| e로 끝나는 동사는 e가 묵음이면 e를 빼고 -ing를 붙인다. | coming, taking, practicing |
| ie로 끝나는 동사는 ie를 y로 고치고 -ing를 붙인다. | die → dying, lie → lying |
| '단모음+단자음'으로 끝나는 동사는 그 자음을 겹치고 -ing를 붙인다. | running, sitting, stopping, getting |

### 3 What were you listening to on the radio?

I was listening to an English program on the radio.
S   V                  O              수식어

  Were you listening to an English program on the radio?
  Were you listening to   what   on the radio?
What were you listening to        on the radio?

## 문장 따라 말하기 연습

### STEP 1 기본 문장 따라 말하기 연습
🔊 mp3 07-2

다음 문장을 듣고, 입에 붙을 때까지 반복해서 소리 내어 따라 말해보세요.

1. **I am watching television now.**
   지금 나는 텔레비전을 보고 있다.

2. **You are listening to the radio now.**
   지금 라디오를 듣는 중이구나.

3. **My father is reading a newspaper now.**
   지금 아버지는 신문을 읽고 계신다.

4. **My sister is playing the piano in her room now.**
   지금 여동생은 자기 방에서 피아노를 치고 있다.

reading〈 read+ing / newspaper: 신문 / playing〈 play+ing

### STEP 2 응용 문장 따라 말하기 연습
🔊 mp3 07-3

다음 문장을 듣고, 입에 붙을 때까지 반복해서 소리 내어 따라 말해보세요.

1. **I was studying at school at two yesterday afternoon.**
   어제 오후 2시에 나는 학교에서 공부하고 있었다.

2. **I was doing my homework at eight yesterday evening.**
   어젯밤 8시에 나는 숙제를 하고 있었다.

3. **I was watching a boxing match on television at nine last night.**
   어젯밤 9시에 나는 텔레비전으로 권투경기를 보고 있었다.

4  **I was sleeping in bed at ten last night.**
   어젯밤 10시에 나는 자고 있었다.

studying〈 study+ing / homework: 숙제 / boxing match: 권투경기 / sleeping〈 sleep+ing

# 묻기 · 대답하기 연습

해답 274쪽

### STEP 1  기본 문장 묻기·대답하기 연습
🔊 mp3 07-4

다음의 문장을 이용해서 지시에 따라 문장을 만들고 대화 연습을 해 보세요.

> **I'm doing my homework now.**

1. 의문문으로 >>
2. 1.의 대답 >>
3. watching television? >>
4. 3.의 대답 >>
5. What, doing? >>
6. 5.의 대답 >>


### STEP 2  응용 문장 묻기·대답하기 연습
🔊 mp3 07-5

다음의 문장을 이용해서 지시에 따라 문장을 만들고 대화 연습을 해 보세요.

> **I was watching a movie on television last night.**

1. 의문문으로 >>
2. 1.의 대답 >>
3. a boxing match? >>
4. 3.의 대답 >>
5. What? >>
6. 5.의 대답 >>

UNIT 7 **S+V**(일반 동사 진행형) / **S+V**(일반 동사 진행형)**+O**

# UNIT 08

S는 O를 ~한다
**S+V**(불규칙 동사)**+O**
I bought a watch at the department store.

🔊 mp3 08-1

- I didn't see you this afternoon. Where did you go?
- Oh, I went downtown this afternoon.
  [dáuntáun] 시내로에, 에서)
- What did you go there for?
  What ~ for?(왜)
- I went shopping at the department store.
  [ʃɑpiŋ] go shopping(쇼핑하러 가다) shopping (< shop)
- What did you buy?
- I bought a new watch.
  [bɔːt] buy(사다)의 과거형
- Didn't you buy a very expensive one?
  [ikspénsiv] 비싼
- No, I didn't. I didn't pay so much money for it.
- How much did you pay for it?
- I paid 20 dollars for it.
  [peid] pay(지불하다)의 과거형

## 본문 해석

A: 오늘 오후 못 봤는데 어디 갔었니? / B: 시내에 갔었어. / A: 시내엔 왜 갔니? / B: 백화점에 쇼핑하러 갔어. / A: 뭘 샀어? / B: 시계를 하나 샀어. / A: 아주 비싼 시계를 사진 않았지? / B: 그래, 그렇게 많이 주고 사진 않았어. / A: 얼마 주고 샀어? / B: 20달러 주고 샀어.

## 문장 형식 분석

| S | V(과거형) | O | 수식어(장소) |
|---|---|---|---|
| I | bought | a watch | at the department store. |

| S | V(과거형) | O | 수식어 |
|---|---|---|---|
| I | paid | 20 dollars | for it. |

|        | I   | paid | 20 dollars | for it.  |
|--------|-----|------|------------|----------|
|        | Did | you  | pay        | 20 dollars | for it? |
|        | Did | you  | pay        | how much | for it? |
| How much | did | you  | pay        |          | for it? |

# 문법 해설

## 1 go shopping at ~

'~로 쇼핑하러 가다'는 'go shopping+to ~'라고 하지 않는다. '~에서 쇼핑하다'라는 'shop(동사)+at ~'과 go를 함께 써서 '~로 쇼핑하러 가다'라는 형태로 쓴다.

I went fishing in the river.(나는 강으로 낚시하러 갔다.)
They went hunting in the wood.(그들은 숲으로 사냥하러 갔다.)

## 2 'S+V+O' 형식에 자주 쓰이는 불규칙동사

| 현재형 | 과거형 | 현재형 | 과거형 |
|--------|--------|--------|--------|
| hear(듣다) | heard | begin(시작하다) | began |
| make(만들다) | made | drink(마시다) | drank |
| pay(지불하다) | paid | break(부수다) | broke |
| sell(팔다) | sold | choose(고르다) | chose |
| tell(말하다) | told | speak(말하다) | spoke |
| build(짓다) | built | do(하다) | did |
| lend(빌려주다) | lent | draw(당기다) | drew |
| lose(잃어버리다) | lost | drive(운전하다) | drove |
| keep(보유하다) | kept | eat(먹다) | ate |
| spend(소비하다) | spent | give(주다) | gave |
| bring(가져오다) | brought | know(알다) | knew |
| buy(사다) | bought | see(보다) | saw |
| catch(잡다) | caught | show(보여주다) | showed |
| teach(가르치다) | taught | take(잡다) | took |
| think(생각하다) | thought | throw(던지다) | threw |
| find(발견하다) | found | write(쓰다) | wrote |
| get(얻다) | got | cut(자르다) | cut |
| forget(잊다) | forgot | put(놓다) | put |
| hold(잡다) | held | read(읽다) | read |
| meet(만나다) | met | set(배치하다) | set |
| strike(치다) | stroke | shut(닫다) | shut |
| understand(이해하다) | understood | | |

## 문장 따라 말하기 연습

 **기본 문장** 따라 말하기 연습 ◁〉 mp3 08-2

다음 문장을 듣고, 입에 붙을 때까지 반복해서 소리 내어 따라 말해보세요.

1. **Did you see him yesterday? – Yes, I did. I saw him.**
   어제 그를 만났니? – 그래. 만났어.

2. **Did you say yes? – Yes, I did. I said yes.**
   그렇다고 했니? – 그래. 그렇다고 했어.

3. **Did you read this book? – Yes, I did. I read it.**
   이 책을 읽었니? – 그래. 읽었어.

4. **Did you give your answer? – Yes, did. I gave it.**
   대답을 했니? – 그래. 대답했어.

give an answer: 대답을 하다

 **응용 문장** 따라 말하기 연습 ◁〉 mp3 08-3

다음 문장을 듣고, 입에 붙을 때까지 반복해서 소리 내어 따라 말해보세요.

1. **Did you make this mistake? – Yes, I did. I made it.**
   네가 이런 실수를 했니? – 그래. 내가 실수했어.

2. **Did you bring your lunch? – Yes, I did. I brought it.**
   점심 가져 왔니? – 그래. 점심 가져 왔어.

3. **Did you break your camera? – Yes, I did. I broke it.**
   네 카메라를 망가뜨렸니? – 그래. 내 카메라를 망가뜨렸어.

4. **Did you speak English? – Yes, I did. I spoke it.**
   영어를 말했니? – 그래. 말했어.

make a mistake: 실수를 하다

# 묻기 · 대답하기 **연습**

해답 275쪽

### 기본 문장 **묻기 · 대답하기** 연습
mp3 **08-4**

다음의 문장을 이용해서 지시에 따라 문장을 만들고 대화 연습을 해 보세요.

> **I bought a watch at the department store.**

1. 의문문으로 >>
2. 1.의 대답 >>
3. a camera? >>
4. 3.의 대답 >>
5. What? >>
6. 5.의 대답 >>

### 응용 문장 **묻기 · 대답하기** 연습
mp3 **08-5**

다음의 문장을 이용해서 지시에 따라 문장을 만들고 대화 연습을 해 보세요.

> **I paid 20 dollars for the watch.**

1. 의문문으로 >>
2. 1.의 대답 >>
3. 200 dollars? >>
4. 3.의 대답 >>
5. How many dollars? >>
6. 5.의 대답 >>

UNIT 8 **S+V**(불규칙동사)**+O**

# UNIT 09

S는 O를 have한다
**S+V(have)+O**
I had some grapefruit juice for breakfast.

🎧 mp3 09-1

- What do you usually for breakfast?
  [juːʒuəli] 항상  [brékfəst] 아침식사
- I usually eat cornflakes for breakfast.
  [kɔːrnfleiks] 콘플레이크
- Did you eat cornflakes this morning, too?
- No, I didn't. I had a heavy breakfast this morning.
  [hévi] 양이나 정도가 평소보다 많은
- What did you have?
- I had two eggs, three pieces of bacon, two slices of bread and some vegetables.
  [védʒətəblz] 야채    [píːsiz] 조각        [sláisiz] (음식을 얇게 썬) 조각  [bred] 빵
- What else did you have for breakfast?
  [els] 그 밖에
- Well, I had a glass of grapefruit juice.
  [gréipfruːt] 자몽  [dʒuːs] 주스
- Didn't you have any coffee?
- No, I didn't. I don't like coffee for breakfast very much. I like grapefruit juice for breakfast better than coffee.

### 본문 해석

A: 아침식사로 주로 뭘 먹니? / B: 아침으로 콘플레이크를 먹어. / A: 오늘 아침에도 콘플레이크를 먹었니? / B: 아니. 오늘 아침에는 많이 먹었어. / A: 뭘 먹었어? / B: 계란 두 개, 베이컨 세 쪽, 빵 두 쪽하고 야채를 먹었어. / A: 다른 건 안 먹었니? / B: 저어, 자몽 주스를 한 잔 먹었어. / A: 커피는 안 마셨니? / B: 안 마셨어. 아침 식사에 커피는 별로 좋아하지 않아. 커피보다는 자몽주스가 더 좋아.

## 문장 형식 분석

| S | V | O | 수식어 |
|---|---|---|---|
| I | had | some grapefruit juice | for breakfast. |

|      | I   | usually | eat | cornflakes | for breakfast. |
|------|-----|---------|-----|------------|----------------|
|      | Do  | you usually | eat | cornflakes | for breakfast? |
|      | Do  | you usually | eat | what       | for breakfast? |
| What | do  | you usually | eat |            | for breakfast? |

## 문법 해설

### 1 상태를 나타내는 have

사람이나 사물의 동작이나 상태를 나타내는 동사는 동작을 나타내는 동사와 상태를 나타내는 동사로 구분할 수 있다.
보통 have는 상태를 나타내는 동사로 '가지고 있다'라는 뜻을 나타낸다.

〈평서문〉 I had some money in my pocket.
〈의문문〉 Did you have any money in your pocket?
〈대답〉　 Yes, I did. I had some money in it.
　　　　 No, I didn't. I didn't have any money in it.

### 2 동작을 나타내는 have

다음의 경우 have는 '~하다'라는 뜻의 동작을 나타내는 동사처럼 쓰인다.

have breakfast = eat breakfast　　　have some coffee = drink some coffee
have a lesson = take a lesson　　　 have a party = hold a party
have a cold = catch cold

### 3 셀 수 없는 명사를 세는 방법

셀 수 없는 명사는 성질에 맞는 단위명사를 이용해서 '수사+단위명사+of+셀 수 없는 명사' 형식으로 셀 수 있다.

a piece of chalk(분필 한 자루)　　　two glasses of water(물 두 잔)
a loaf of bread(빵 한 덩이)　　　　 a sheet of paper(종이 한 장)
three cups of coffee(커피 세 잔)　　a bottle of wine(와인 한 병)

## 문장 따라 말하기 연습

### STEP 1  기본 문장 따라 말하기 연습
🔊 mp3 09-2

다음 문장을 듣고, 입에 붙을 때까지 반복해서 소리 내어 따라 말해보세요.

1. **What time did you eat breakfast this morning?**
   오늘 아침 몇 시에 아침을 먹었어요?

2. **What time did you have breakfast this morning?**
   오늘 아침 몇 시에 아침을 먹었어요?

3. **What kind of juice did you drink for breakfast?**
   아침식사로 무슨 주스를 마셨어요?

4. **What kind of juice did you have for breakfast?**
   아침식사에 무슨 주스를 마셨어요?

> What kind of ~?: 어떤 종류의 ~ / drink(마시다) - drank

### STEP 2  응용 문장 따라 말하기 연습
🔊 mp3 09-3

다음 문장을 듣고, 입에 붙을 때까지 반복해서 소리 내어 따라 말해보세요.

1. **We usually have five English lessons a week.**
   우리는 대개 한 주에 5시간 영어 수업을 받는다.

2. **My family had a birthday party for me yesterday.**
   어제 가족들이 내 생일파티를 열어 주었다.

3. **I had a lot of fun at the party.**
   나는 그 파티에서 정말 재미있게 놀았다.

4. **I often have colds at this time of the year.**
   요맘때 나는 자주 감기에 걸린다.

> have a lesson: 수업을 받다 / have a party: 파티를 열다 / birthday: 생일 /
> have fun: 재미있게 놀다 / have a cold: 감기에 걸리다

# 묻기 · 대답하기 연습

해답 275쪽

### 기본 문장 묻기·대답하기 연습

mp3 09-4

다음의 문장을 이용해서 지시에 따라 문장을 만들고 대화 연습을 해 보세요.

### I usually have breakfast at seven in the morning.

1. 의문문으로 >>
2. 1.의 대답 >>
3. at eight? >>
4. 3.의 대답 >>
5. What time? >>
6. 5.의 대답 >>

### 응용 문장 묻기·대답하기 연습

mp3 09-5

다음의 문장을 이용해서 지시에 따라 문장을 만들고 대화 연습을 해 보세요.

### I had some grapefruit juice for breakfast.

1. 의문문으로 >>
2. 1.의 대답 >>
3. any coffee? >>
4. 3.의 대답 >>
5. What? >>
6. 5.의 대답 >>

# UNIT 10

### S는 O에게(를) ~한다
# S+V+O+수식어(전치사+명사)
## I'm writing a letter to my friend in America.

🎧 mp3 10-1

- What are you doing now?
- I'm writing a letter now.
- Who are you writing to?
- I'm writing to my friend in America.
- Didn't you write a letter to the American girl the other day?
  <u>write to</u> ~ |편지, 엽서 등을| ~에게 써 보내다
- Yes, I did. I wrote on the other day. But now I'm writing another letter to her.
  [ði ʌðər dei] 일전에, 요전 날에          [ənʌðər] 다른
- How many times did you write to her last month?
  <u>몇 번 ~?</u> = How often ~?
- I wrote to her three times.
- And how many letters did you receive from her?
  [risí:v] 받다
- I received three letters.

### 본문 해석

A: 지금 뭐하고 있어? / B: 편지를 쓰고 있어. / A: 누구한테 편지를 쓰고 있니? / B: 미국에 사는 친구에게 쓰고 있어. / A: 요전에도 미국에 사는 그 여자 친구에게 편지를 쓰지 않았니? / B: 그래. 며칠 전에 썼는데 지금 또 쓰고 있는 거야. / A: 지난달에는 그녀에게 몇 번이나 편지를 썼니? / B: 3번 썼어. / A: 그녀한테서 편지를 몇 번 받았어? / B: 3번 받았어.

## 문장 형식 분석

| S | V | O | 수식어(전치사+명사) |
|---|---|---|---|
| I | am writing | a letter | to my friend in America. |

my → friend ← in America

PART 2 문장의 5형식 활용 연습

↳ to my friend in America에서 to는 전치사, my friend가 명사이고 in America는 명사를 수식하는 형용사 역할을 한다. 따라서 my friend in America 전체를 하나의 명사로 취급한다.

## 문법 해설

### 1 Who are you writing to?

who는 사람에 관해 묻는 의문대명사로 격 변화를 한다. 주격은 who(누가), 소유격은 whose(누구의), 목적격은 whom(누구를, 누구에게)이다.
위 문장은 목적어를 묻는 것이므로 문법적으로는 who의 목적격인 whom을 써야 하지만, 구어에서는 주격인 who를 쓰는 것이 일반적이다.

〈비교〉 ① Who is writing a letter to you? 〈누가〉
② Who are you writing a letter to? 〈누구에게〉

### 2 Who to ~?와 To whom ~?

구어체에서 전치사를 의문사 앞에 쓸 경우에는 whom을 써야 한다.

① She wrote a letter to me. 〈원래의 문장〉
　Who did she write a letter to? (○)
　To whom did she write a letter? (○)
　To who did she write a letter? (×)

② She bought some flowers for her mother. 〈원래의 문장〉
　Who did she buy some flowers for? (○)
　For whom did she buy some flowers? (○)
　For who did she buy some flowers? (×)

### 3 He bought a bar of chocolate for my little sister.

이 문장도 'S+V+O+전치사+명사' 형식인데 이때는 전치사로 to가 아닌 for를 써야 한다.

목적어를 두 개 써서 '…에게 …을 ~해주다'라는 의미를 나타내는 동사를 수여동사라고 한다. 수여동사는 'S+V+간접목적어(…에게)+직접목적어(…을)' 형식으로 4형식 문장을 만든다. 〈Unit 11〉

<u>He</u> <u>bought</u> <u>my little sister</u> <u>a bar of chocolate.</u> 〈4형식〉
 S  V(수여동사)   간접목적어     직접목적어

수여동사는 간접목적어와 직접목적어의 순서를 바꿔 3형식 문장을 만들 수 있다. 이때 간접목적어 앞에 to를 쓰는 give형 동사와 for를 쓰는 buy형 동사가 있다.

간접목적어 앞에 to를 쓰는 동사: give, send, show, teach, tell, write 등
간접목적어 앞에 for를 쓰는 동사: buy, choose, cook, find, get, make 등

   What did he buy for her? (○)
   What did he buy to her? (×)

### 4 write to ~와 write for ~ 비교

〈비교〉 She wrote a letter to me.(그녀는 나에게 편지를 썼다.)
       She wrote a letter for me.(그녀는 나를 대신해서 편지를 써 주었다.)

### 5 How many times ~?에 대한 대답

How many times did you write to her?
〈대답〉 I wrote to her

| | |
|---|---|
| once(one time). | 한 번 |
| twice(two times). | 두 번 |
| three(four, five ~) times. | 세(네, 다섯 ~) 번 |
| several times. | 두서너 번 |
| many times. | 여러 번 |

## 문장 따라 말하기 연습

### STEP 1  기본 문장 따라 말하기 연습
🔊 mp3 **10-2**

다음 문장을 듣고, 입에 붙을 때까지 반복해서 소리 내어 따라 말해보세요.

1. **I wrote a letter to my American friend.**
   나는 미국 친구에게 편지를 썼다.

2. **How many letters did you write to her?**
   그녀에게 편지를 몇 통 썼니?

3. **I wrote letter to my American friend three times.**
   나는 미국 친구에게 편지를 세 번 썼다.

4. **How many times did you write letters to her?**
   그녀에게 몇 번이나 편지를 썼니?

### STEP 2  응용 문장 따라 말하기 연습
🔊 mp3 **10-3**

다음 문장을 듣고, 입에 붙을 때까지 반복해서 소리 내어 따라 말해보세요.

1. **She gave a wonderful present to her mother.**
   그녀는 어머니에게 멋진 선물을 사주었다.

2. **I sent a package to my cousin in New York.**
   나는 뉴욕에 사는 사촌에게 소포를 보냈다.

3. **He brought the book back to me yesterday.**
   어제 그가 나에게 그 책을 돌려주었다.

4. **He bought a bar of chocolate for my little sister.**
   그는 내 여동생에게 초코바를 하나 사주었다.

---

gave〈give(주다)의 과거형 / wonderful: 멋진, 훌륭한 / present: 선물 / sent〈send(보내다)의 과거형 / package: 소포 / cousin: 사촌 / brought〈bring(가져오다)의 과거형 / bought〈buy(사다)의 과거형 / a bar of chocolate: (막대 모양의) 초콜릿 한 개

# UNIT 11

S는 …에게 …을 ~한다
## S+V+IO(간접목적어)+DO(직접목적어)
### She teaches us English.

🔊 mp3 **11-1**

- Whose class are you in this year?
  [huːz] 누구의~?
- I'm in Mrs. Brown's class.
- What subject does she teach you?
  [hwɑt] 무슨 ~?
- She teaches us English.
- Were you in her class last year, too?
- No, I wasn't. I was in Mr. White's class last year.
- Is he an English teacher, too?
- No, he isn't. He is a history teacher. He taught us history last year.
  [hístəri] 역사     [tɔːt] teach(가르치다)의 과거형
- Was he a good teacher?
- Yes, he was. He often told us interesting stories about many countries in the world.
  [kʌ́ntriz] country(나라)의 복수형     [íntərəstiŋ] 흥미 있는     [wəːrld] 세계

✎ 본문 해석 ······

A: 올해 누구 반에 들어갔니? / B: 브라운 선생님 반이야. / A: 브라운 선생님은 무슨 과목을 가르쳐 주시니? / B: 영어를 가르쳐 주셔. / A: 작년에도 브라운 선생님 반이었니? / B: 아니, 작년에는 화이트 선생님 반이었어. / A: 화이트 선생님도 영어 선생님이니? / B: 아니, 역사 선생님이셔. 작년에 역사를 가르쳐 주셨어. / A: 훌륭한 선생님이셨니? / B: 그래. 자주 세계 여러 나라의 재미있는 이야기를 해 주셨어.

## 문장 형식 분석

| S | V | IO(간접목적어) | DO(직접목적어) |
|---|---|---|---|
| **She** | **teaches** | **us** | **English.** |

| | S | V | IO(간접목적어) | DO(직접목적어) |
|---|---|---|---|---|
| | He | told | us | interesting stories about many countries in the world. |

interesting stories about many countries in the world

♪ 타동사 중에 두 개의 목적어를 써서 '…에게 …을 ~해주다'라는 뜻을 나타내는 동사가 있는데 이것을 수여동사라고 하며 4형식 문장을 만든다. 두 개의 목적어는 반드시 '간접목적어(…에게)+직접목적어(…을)' 어순으로 써야 한다. 보통 간접목적어로는 사람을, 직접목적어로는 사물을 쓴다.

간접목적어와 직접목적어의 순서를 바꿔 '직접목적어+전치사+간접목적어' 어순으로 써도 의미에는 차이가 없다. 이때 '전치사+간접목적어'는 전치사구가 되고 3형식 문장(S+V+O+전치사+명사)으로 바뀐다. 〈Unit 10〉

She teaches us English. ⇄ She teaches English to us.
She bought me some flowers. ⇄ She bought some flowers for me.

## 문법 해설

### 1 수여동사

수여동사에는 다음과 같은 것들이 있다.

| give/gave | teach/taught | send/sent | wish/wished | tell/told |
|---|---|---|---|---|
| bring/brought | write/wrote | make/made | show/showed | buy/bought |
| lend/lent | ask/asked | get/got | pay/paid 등 | |

### 2 명사·대명사·의문사의 소유격

| | | 주격 | 소유격 | 소유대명사 |
|---|---|---|---|---|
| 명사 | | Jack | Jack's | Jack's |
| 대명사 | 단수 | I | my | mine |
| | | you | your | yours |
| | | he | his | his |
| | | she | her | hers |
| | 복수 | we | our | ours |
| | | you | your | yours |
| | | they | their | theirs |
| 의문사 | | who | whose | whose |

### 3 명사의 소유격

사람이나 동물의 소유격을 만드는 방법은 명사의 어미에 -'s를 붙이고, 식물이나 무생물인 경우에는 전치사 of를 써서 만든다.

1. 사람과 동물의 소유격은 -'s를 붙인다.
   Jack's father
   a cat's tail
   〈예외〉 today's paper 등
2. 무생물의 소유격은 of를 사용한다.
   the door of the room
   the legs of the chair
3. 복수명사에는 '만 붙인다.
   girls' school
   students' meeting

### 4 이중소유격

원칙적으로 소유격은 부정관사(a, an), 지시대명사(this, that), 부정대명사(some, any, no)나 수사와 함께 쓸 수 없으므로 이것들과 소유격을 함께 써야 하는 경우에는 '명사+of+소유대명사' 형태의 이중소유격으로 써야 한다.

a friend of yours = 당신의 친구 = one of your friends
a friend of hers = 그녀의 친구 = one of her friends
some friends of mine = 나의 친구들 = some of my friends

# 문장 따라 말하기 연습

## STEP 1 기본 문장 따라 말하기 연습  🔊 mp3 11-2

다음 문장을 듣고, 입에 붙을 때까지 반복해서 소리 내어 따라 말해보세요.

1. **Our teacher gave us a test in English yesterday.**
   어제 선생님이 우리에게 영어 테스트를 했다.

2. **He asked me a difficult question.**
   그는 나에게 어려운 질문을 했다.

3. **She brought me a glass of water.**
   그녀는 나에게 물 한 잔을 갖다 주었다.

4. **The boy told me the way to the station.**
   그 소년은 나에게 역으로 가는 길을 알려 주었다.

> give a test in+(과목): ~의 시험을 하다 / ask a question: 질문하다 / difficult: 어려운 / brought〈 bring의 과거형 / the way to+(장소): (~로) 가는 길(방법)

## STEP 2 응용 문장 따라 말하기 연습  🔊 mp3 11-3

다음 문장을 듣고, 입에 붙을 때까지 반복해서 소리 내어 따라 말해보세요.

1. **What subject does Mr. Brown teach you?**
   브라운 선생님은 당신들에게 무슨 과목을 가르쳐 주시나요?

2. **Who teaches you English?**
   누가 영어를 당신들에게 가르쳐 주시나요?

3. **What subject did Mr. White teach you last year?**
   작년에 화이트 선생님은 당신들에게 무슨 과목을 가르쳐 주셨나요?

4. **Who taught you history last year?**
   작년에 누가 당신들에게 역사를 가르쳐 주셨나요?

# UNIT 12

## S는 …하는 것을 ~한다
### S+V+O (to부정사)
### I wanted to buy something for my father.

🎧 mp3 12-1

- What kind of day was the 2nd Sunday of May, do you know?
- Of course I know. It was Mother's Day.
  [av kɔːrs] 물론
- Did you do anything for your mother on Mother's Day?
- Yes, I did. I bought her a bunch of flowers.
  [bʌntʃ] 다발, 묶음
- What did you do on Father's Day?
- Well, I wanted to buy something for my father.
- What did you want to buy for him?
- I wanted to buy a new tie for him, because he was wearing an old-fashioned one.
  [tai] 넥타이    [bikɔːz] 왜냐하면    [wέəriŋ] (wear 착용하고 있다)
  [ould fǽʃənd] 유행이 지난
- That was good. And did you buy one for him?
- No, I didn't. I just wanted to.
  [dʒʌst] 오직 단지, -only

### 📖 본문 해석

A: 5월 둘째 일요일이 무슨 날이었는지 알아? / B: 물론이지. 어머니날이었어. / A: 어머니날에 어머니한테 뭘 좀 해 드렸니? / B: 그래. 꽃을 한 다발 사 드렸어. / A: 아버지날에는 뭘 해 드렸어? / B: 그러니까, 뭘 좀 사드리고 싶었어. / A: 뭘 사 드리고 싶었는데? / B: 새 넥타이를 사 드리고 싶었어. 유행이 지난 것을 하고 계셔서. / A: 잘 생각했어. 하나 샀니? / B: 아니. 그냥 그러고 싶은 생각뿐이었어.

## 문장 형식 분석

| S | V | O(to부정사) |
|---|---|---|
| I | wanted | to buy something for my father. |

♪ 엄밀히 말하면 부정사는 to buy이다.

| | |
|---|---|
| want to ~ | ~하는 것을 원한다(~하고 싶다) |
| like to ~ | ~하는 것을 좋아한다(~하는 것이 좋다) |
| hope to ~ | ~하는 것을 바란다(~하고 싶다) |
| wish to ~ | ~하는 것을 바란다(~하고 싶다) |

## 문법 해설

### 1 to부정사

'나는 가고 싶다'를 영어로 하는 경우 '가다'라는 동사는 go, '~하고 싶다'라는 동사는 want이지만, I want go. / He wants go.라고 동사를 연속해서 쓸 수 없다. 그래서 동사 다음에 또 다른 동사를 쓰고자 할 때 이를 나타내는 방법으로 '동사+to+동사원형' 형태를 이용한다. 이 'to+동사원형'을 to부정사라고 한다.

> ※ 부정사라고 부르는 이유
> 영어에서는 I want ~. / He wants ~.처럼 주어의 인칭·수에 따라 동사의 형태가 결정된다. 그런데 to부정사는 주어의 인칭·수에 따라 변하지 않고 그대로 to go이다. 따라서 주어의 인칭·수에 따라 형태가 정해져 있지 않은 말이라는 의미로 부정사라고 하는 것이다. 그러므로 부정사는 주어의 인칭에 따라 형태가 변하지 않는 일종의 동사(준동사)라고 할 수 있다. 부정사에는 동사원형에 to를 붙인 to부정사와 to가 없는 원형부정사가 있다.

### 2 I just wanted to.

I just wanted to buy a new tie for him.의 to 다음에 나오는 내용을 문장의 전후관계에서 알 수 있는 경우 동사의 반복을 피하기 위해 to만 남겨 놓은 것이다. 이것을 대부정사라고 한다.

### 3 목적어가 될 수 있는 것

타동사 다음에 와서 동사의 동작을 받는 말을 목적어라고 한다. 목적어가 될 수 있는 것은 명사에 해당하는 말(명사·대명사·부정사·동명사)이다.

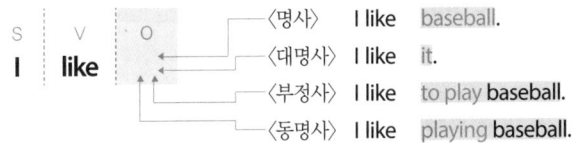

## 문장 따라 말하기 연습

### STEP 1 기본 문장 따라 말하기 연습

다음 문장을 듣고, 입에 붙을 때까지 반복해서 소리 내어 따라 말해보세요.

1. **What did you want to do yesterday?**
   어제 뭘 하고 싶었어요?

2. **I wanted to go shopping at the department store.**
   백화점에 쇼핑하러 가고 싶었어요.

3. **What did you want to get at the department store?**
   백화점에서 무엇을 사고 싶었어요?

4. **I wanted to get a new-fashioned pair of shoes.**
   지금 유행하는 신발을 사고 싶었어요.

---

**new-fashioned**: 최신 유행의 / **a pair of shoes**: 신발 한 켤레

---

### STEP 2 응용 문장 따라 말하기 연습

다음 문장을 듣고, 입에 붙을 때까지 반복해서 소리 내어 따라 말해보세요.

1. **My mother likes to watch television very much.**
   어머니는 텔레비전을 보는 것을 아주 좋아하신다.

2. **She doesn't like to see wrestling matches on television.**
   그녀는 텔레비전으로 레슬링 경기 보는 것을 좋아하지 않는다.

3. **My sister hopes to learn English conversation.**
   여동생은 영어회화를 배우고 싶어 한다.

4. **She wishes to go to America some time.**
   그녀는 언젠가 미국에 가고 싶어 한다.

---

**wrestling match(es)**: 레슬링 경기 / **hope(s)**: 희망하다 / **conversation**: 회화 /
**wish(es)**: 바라다 / **some time**: 언젠가

# 묻기·대답하기 연습

해답 276쪽

### 기본 문장 묻기·대답하기 연습
🔊 mp3 **12-4**

다음의 문장을 이용해서 지시에 따라 문장을 만들고 대화 연습을 해 보세요.

> **My mother likes to go shopping very much.**

1. 의문문으로 >>
2. 1.의 대답 >>
3. go fishing? >>
4. 3.의 대답 >>
5. What, to do? >>
6. 5.의 대답 >>

### 응용 문장 묻기·대답하기 연습
🔊 mp3 **12-5**

다음의 문장을 이용해서 지시에 따라 문장을 만들고 대화 연습을 해 보세요.

> **I wanted to buy a tie for my father.**

1. 의문문으로 >>
2. 1.의 대답 >>
3. a bunch of flowers? >>
4. 3.의 대답 >>
5. What? >>
6. 5.의 대답 >>

UNIT 12 **S+V+O**(to부정사)

# UNIT 13

S는 …하는 것을 ~한다
## S+V+O (to부정사)
Everybody began to work out the question.

🔊 mp3 13-1

Our mathematics teacher asked a question in class yesterday afternoon.
Everybody began to work out the question.
But the question was very difficult.
Our teacher asked us, "Can anyone answer the question?"
Nobody tried to answer the question.
So I wanted to have a try.
I raised my hand, and the teacher called on me.
I tried to give my answer.
And fortunately my answer was correct.

### 본문 해석

어제 오후 수업시간에 수학 선생님이 문제를 하나 내셨다. / 모두 그 문제를 풀기 시작했다. / 하지만 그 문제는 매우 어려웠다. / 선생님은 '답을 할 수 있는 사람이 없니?'라고 물었다. / 아무도 답을 하려고 하지 않았다. / 그래서 내가 한번 해 보고 싶었다. / 내가 손을 들자 선생님이 나에게 시켰다. / 나는 답을 하려고 노력했다. / 그리고 다행히도 내 답은 맞았다.

## 문장 형식 분석

| S | V | O(to부정사) |
|---|---|---|
| **Everybody** | **began** | **to work out the question.** |
| **Nobody** | **tried** | **to answer the question.** |

- begin to ~     ~하는 것을 시작하다(~하기 시작하다)
- try to ~     ~하는 것을 해보다(~해 보다)

## 문법 해설

### 1 to부정사의 세 가지 용법

to부정사는 동사처럼 그 자체의 목적어·보어·수식어를 가지며, 문장 속에서 명사·형용사·부사 역할을 한다.

1. **명사적 용법**: to부정사가 명사처럼 주어·목적어·보어로 쓰이는 것을 명사적 용법이라고 하며 '~하는 것, ~하기'라는 뜻을 나타낸다. 〈Unit 12, 13〉
   I like to read books. 〈목적어〉
   To read books is a good thing. 〈주어〉
   My hobby is to read books. 〈보어〉

2. **형용사적 용법**: to부정사가 명사 뒤에 쓰여 명사를 수식하는 경우를 형용사적 용법이라고 하며 '~할, ~해야 하는'이라는 뜻을 나타낸다. 일반적으로 형용사는 명사 뒤에 쓰지만, to부정사는 명사 뒤에 써야 한다.
   I have something to tell you. 〈명사 something을 수식〉〈Unit 24〉

3. **부사적 용법**: to부정사가 부사처럼 동사·형용사·부사를 수식하는 것을 부사적 용법이라고 하며 목적·원인·이유·결과·조건 등의 뜻을 나타낸다. 〈Unit 14〉
   I went to the station to meet him. 〈동사 went를 수식〉
   I am glad to meet you. 〈형용사 glad를 수식〉

### 2 to부정사만을 목적어로 쓰는 동사

동사 중에는 to부정사만을 목적어로 쓰는 동사가 있다. 이런 동사는 주로 앞으로의 계획이나 바람을 나타내는 동사이다.
I planned to go hiking.(나는 하이킹 가는 것을 계획했다.)
I promised to take him with me.(나는 그를 데려간다고 약속했다.)

### 3 forget to ~ / remember to ~

forget이나 remember 다음에 to부정사를 쓰면 '~하는 것을 잊다/~하는 것을 기억하다(잊지 않고 ~하다)'라는 뜻이 된다.
**Don't** forget to **call me at seven.**(7시에 전화하는 것 잊지 마.)
**Please** remember to **lock the door.**(문 잠그는 것 잊지 마.)

## 문장 따라 말하기 연습

### STEP 1 기본 문장 따라 말하기 연습
🎧 mp3 13-2

다음 문장을 듣고, 입에 붙을 때까지 반복해서 소리 내어 따라 말해보세요.

1. **What did you try to do at once?**
   방금 뭘 해보려고 했어요?

2. **We tried to work out the question in mathematics.**
   우리는 그 수학 문제를 풀려고 노력했다.

3. **How long ago did you begin to learn English?**
   언제부터 영어를 배우기 시작했어요?

4. **I began to learn English two years ago.**
   2년 전부터 영어를 배우기 시작했어.

> a question in mathematics: 수학문제(질문)

### STEP 2 응용 문장 따라 말하기 연습
🎧 mp3 13-3

다음 문장을 듣고, 입에 붙을 때까지 반복해서 소리 내어 따라 말해보세요.

1. **They are planning to go hiking next Sunday.**
   일요일에 그들은 하이킹 가려고 계획하고 있다.

2. **They promised to take me hiking with them.**
   그들은 나를 하이킹에 데려간다고 약속했다.

3. **Don't forget to take an umbrella with you.**
   우산 갖고 가는 것 잊지 마라.

4. **Remember to mail this letter on your way to school.**
   학교 가는 길에 이 편지를 부치는 것 잊지 마라.

> planning〈 plan(계획하다) / promise(d): 약속하다. 발음은 [s]+ed[-t] / forget: 잊어버리다 / umbrella: 우산 / remember: 기억하다 / mail: (우편물을) 부치다

## 묻기 · 대답하기 연습

해답 276쪽

**STEP 1** 기본 문장 **묻기·대답하기** 연습  mp3 **13-4**

다음의 문장을 이용해서 지시에 따라 문장을 만들고 대화 연습을 해 보세요.

> **I tried to answer the question.**

1. 의문문으로 >>
2. 1.의 대답 >>
3. ask a question? >>
4. 3.의 대답 >>
5. What, to do? >>
6. 5.의 대답 >>

**STEP 2** 응용 문장 **묻기·대답하기** 연습  mp3 **13-5**

다음의 문장을 이용해서 지시에 따라 문장을 만들고 대화 연습을 해 보세요.

> **I began to learn English two years ago.**

1. 의문문으로 >>
2. 1.의 대답 >>
3. three years ago? >>
4. 3.의 대답 >>
5. How many years ago? >>
6. 5.의 대답 >>

# UNIT 14

…해서(하게 되어) ~다
**S+V**(be동사)**+C**(형용사)**+수식어**(to부정사)
I'm very glad to know it.

🔊 mp3 14-1

I received my report card on the last day of the school term.

I got a very good grade in English, but my grade in mathematics was not very good.

I showed my report card to my parents.

Mother looked at it and said. "You are so good in English. I'm very glad to know it."

Father looked at it and said. "I'm very sorry you're not so good in mathematics."

## 본문 해석

학기 마지막 날에 성적표를 받았다. / 영어에서는 매우 좋은 성적을 받았지만, 수학 성적은 그다지 좋지 않았다. / 나는 성적표를 부모님께 보여 드렸다. / 어머니는 그것을 보시고 '영어를 참 잘 했구나. 그것을 알게 되어 기쁘다'라고 하셨다. / 아버지는 성적표를 보시고 '네가 수학을 잘 하지 못해서 정말 아쉽다'고 하셨다.

## 문장 형식 분석

| S | V | C(형용사) | 수식어(to부정사) |
|---|---|---|---|
| I | am | very glad | to know it. |

↳ very glad에서 very는 부사, glad는 형용사이지만 very가 glad를 수식하는 구조로 전체를 형용사로 취급했다.

I am glad to ~   ~해서 기쁘다
I am sorry to ~  ~해서 안됐다(유감이다)

## 문법 해설

### 1 감정의 원인·이유를 나타내는 to부정사; to부정사의 부사적 용법

주로 감정을 나타내는 형용사(glad, happy, sad, sorry) 등이 to부정사 앞에 있는 경우 감정의 원인이나 이유(~하여서, ~하고, ~하다니)를 나타낸다. 형용사를 수식하는 to 부정사이므로 to부정사의 부사적 용법이다.

### 2 I am sorry to ~와 I am sorry (that)의 관계

이 문장은 that 이하가 형용사 sorry를 수식해서 I am sorry to의 to부정사와 같은 역할을 하고 있다. 이와 같은 that ~을 감정의 이유·원인을 나타내는 부사절이라고 한다.

I am very sorry (that) you're not very good in mathematics.
　　　　　　　└─ 감정의 이유·원인을 나타내는 부사절

그런데 다음과 같이 that ~ 앞에 to부정사가 있는 경우에는 부사절이 되지 않는다.

I am very sorry to know (that) you're not very good in mathematics.
　　　　　　　　└─ 부정사의 부사적 용법; that 이하는 know의 목적어로 쓰인 명사절

### 3 이 형식에 자주 쓰이는 과거분사 〈Unit 46〉

1. **be surprised to ~**: ~해서 놀라다
   I was surprised to **see the sight.**
   = I was surprised at **the sight.**(그 광경을 보고 놀랐다.)

2. **be delighted to ~**: ~해서 기쁘다
   I was delighted to **hear the news.**
   = I was delighted at **the news.**(그 소식을 듣고 기뻤다.)

3. **be disappointed to ~**: ~해서 실망하다
   I was disappointed to **get his answer.**
   = I was disappointed at **his answer.**(그의 대답을 듣고 실망했다.)

## 문장 따라 말하기 연습

### STEP 1  기본 문장 따라 말하기 연습
🔊 mp3 14-2

다음 문장을 듣고, 입에 붙을 때까지 반복해서 소리 내어 따라 말해보세요.

1. **I'm very glad to see it.**
   그것을 보니 정말 기쁘다.

2. **I'm very sorry to know it.**
   그것을 알게 되어 정말 유감이다.

3. **My mother was glad to see my grade in English.**
   어머니는 내 영어 성적을 보고 기뻐하셨다.

4. **My father was sorry to see my grade in mathematics.**
   아버지는 내 수학성적을 보고 매우 아쉬워하셨다.

> (my) grade in English: 영어 성적
> 〈예〉 a test in English(영어시험), a question in mathematics(수학문제)

### STEP 2  응용 문장 따라 말하기 연습
🔊 mp3 14-3

다음 문장을 듣고, 입에 붙을 때까지 반복해서 소리 내어 따라 말해보세요.

1. **I'm glad to meet you.**
   당신을 만나서 기쁘다.

2. **I'm very happy to be a friend of yours.**
   네 친구가 되서 정말 좋다.

3. **I'm very sorry to trouble you so much.**
   너에게 수고를 많이 끼쳐 정말 미안하다.

4. **I'm sorry to hear that you can't come with us.**
   네가 우리하고 같이 못 간다니 안 됐다.

> **a friend of yours**: 당신 친구 중 하나(=one of your friends) 〈예〉 **a friend of mine**(내 친구 중 하나)〈Unit. 11〉 / **trouble**: 수고하다, 걱정하다; 걱정, 고생

# 묻기 · 대답하기 연습

해답 276쪽

## STEP 1 기본 문장 묻기·대답하기 연습 🎧 mp3 14-4

다음의 문장을 이용해서 지시에 따라 문장을 만들고 대화 연습을 해 보세요.

> **My mother was glad to see my report card.**

1. 의문문으로 >>
2. 1.의 대답 >>
3. your father? >>
4. 3.의 대답 >>
5. Who? >>
6. 5.의 대답 >>


## STEP 2 응용 문장 묻기·대답하기 연습 🎧 mp3 14-5

다음의 문장을 이용해서 지시에 따라 문장을 만들고 대화 연습을 해 보세요.

> **My father was sorry I wasn't so good in mathematics.**

1. 의문문으로 >>
2. 1.의 대답 >>
3. your mother? >>
4. 3.의 대답 >>
5. Who? >>
6. 5.의 대답 >>

UNIT 14 **S+V**(be동사)**+C**(형용사)**+**수식어(to부정사)

# UNIT 15

## S는 O에게 ~하라고(해달라고) ~ 한다
## S+V(want/ask)+O+C(to부정사)

### I want you to study mathematics much harder.

🔊 mp3 15-1

My friend Bill got poor grades both in English and in mathematics. His father was very sorry and said, "I want you to study mathematics much harder. Because I want you to become a scientist in the future."
[sáiəntist] 과학자    [fjúːtʃər] 미래(의)    [bikʌm] ~이 되다

His mother was also very sorry and said, "I want you to be much better in English. Because I want you to become a businessman in the future."
[bíznəsmən] 사업가

They told him to keep on studying all day long.
[tould] tell(말하다)의 과거형    keep on ~ing(계속해서 ~하다)    하루 종일

They told him not to waste his time playing computer games.
[weist] 낭비하다

### 〜 본문 해석

내 친구 빌은 영어와 수학에서 나쁜 성적을 받았다. / 빌의 아버지는 매우 걱정하며 '네가 수학을 더 열심히 공부하면 좋겠어. 장래에 네가 과학자가 되길 바라기 때문이야.'라고 말했다. / 빌의 어머니도 매우 걱정하며 '나는 네가 사업가가 되기를 바라기 때문에 영어를 더 잘 했으면 좋겠어.'라고 말했다. / 그들은 빌에게 하루 종일 공부하라고 말했다. / 그들은 빌에게 컴퓨터 게임을 하는데 시간을 낭비하지 말라고 말했다.

## 문장 형식 분석

| S | V | O | C(to부정사) |
|---|---|---|---|
| I | want | you | to study mathematics much harder. |

| S | V | O | C(to부정사) |
|---|---|---|---|
| They | told | him | to keep on studying all day long. |

PART 2 문장의 5형식 활용 연습

♪ I want him to ~      나는 그가 ~해 주길 바란다
  I tell him to ~       나는 그에게 ~하라고 한다
  I tell him not to ~   나는 그에게 ~하지 말라고 한다

## 문법 해설

### 1 I want to ~와 I want you to ~의 차이

'S+V+O+to부정사' 구문에서는 목적어가 to부정사의 의미상의 주어가 된다.
I want to go there. ⟨go 하는 것은 I⟩
I want you to go there. ⟨go 하는 것은 you⟩

### 2 부정사의 부정

부정사의 부정은 not이나 never를 부정사 바로 앞에 써서 나타낸다.
I told you to come here. → I told you not to come here.

※ I told you not to ~와 I didn't tell you to ~의 차이
  I told you not to come. (나는 너한테 오지 말라고 했다.)
  I didn't tell you to come. (나는 너한테 오라고 하지 않았다.)

### 3 명령·요구의 뜻을 나타내는 두 가지 어법

직접화법: 명령문을 " " 속에 넣어서 말하는 어법.
간접화법: 명령문을 'S+V+O+to ~' 구문으로 말하는 어법.
         tell(~하라고 명하다), ask(~해달라고 부탁하다) 등의 동사를 이용한다.

|직접화법|간접화법|
|---|---|
|(예) She said to me, "Help me." ⇄|She told me to help her.|
|She said to me, "Please do it." ⇄|She asked me to do it.|
|She said to me, "Don't do it." ⇄|She told me not to do it.|

## 문장 따라 말하기 연습

### STEP 1  기본 문장 따라 말하기 연습

다음 문장을 듣고, 입에 붙을 때까지 반복해서 소리 내어 따라 말해보세요.

1. **I want you to study English much harder.**
   나는 네가 더 열심히 영어를 공부하면 좋겠다.

2. **He wants me to become a good student.**
   그는 내가 우수한 학생이 되기를 바란다.

3. **I told him to become a good student.**
   나는 그에게 우수한 학생이 되라고 했다.

4. **He told me to be more diligent at schoolwork.**
   그는 나에게 학업에 더욱 힘쓰라고 했다.

---

diligent: 부지런한 / more diligent〈diligent의 비교급〈Unit. 22〉 / schoolwork: 학업, 학교 수업

---

### STEP 2  응용 문장 따라 말하기 연습

다음 문장을 듣고, 입에 붙을 때까지 반복해서 소리 내어 따라 말해보세요.

1. **She told me not to do such a thing.**
   그녀는 나에게 그런 일을 하지 말라고 했다.

2. **I don't want anyone to know it.**
   나는 아무도 그걸 아는 것을 원치 않는다.

3. **My mother asked me to write a letter for her.**
   어머니는 나에게 대신 편지를 써달라고 부탁했다.

4. **They advised her not to speak too much.**
   그들은 그녀에게 수다를 떨지 말라고 충고했다.

---

ask(ed): ~해달라고 부탁하다 / advise(d): 충고하다 / too much: 지나치게

# 묻기 · 대답하기 연습

해답 277쪽

### STEP 1 기본 문장 묻기·대답하기 연습
🔊 mp3 15-4

다음의 문장을 이용해서 지시에 따라 문장을 만들고 대화 연습을 해 보세요.

> **They told him to study all day long.**

1. 의문문으로 >>
2. 1.의 대답 >>
3. to play? >>
4. 3.의 대답 >>
5. What, to do? >>
6. 5.의 대답 >>


### STEP 2 응용 문장 묻기·대답하기 연습
🔊 mp3 15-5

다음의 문장을 이용해서 지시에 따라 문장을 만들고 대화 연습을 해 보세요.

> **I want you to become a scientist in the future.**

1. 의문문으로 >>
2. 1.의 대답 >>
3. a businessman? >>
4. 3.의 대답 >>
5. What? >>
6. 5.의 대답 >>

# UNIT 16

**S는 O를 ~할 것이다(하겠다)**
**S+V**(will+동사원형)**+O**
I'll practice tennis this afternoon.

🎧 mp3 16-1

- What will you do this afternoon, Bill?
- I'll practice tennis.
  [præktis] 연습하다
- Why are you so crazy about tennis?
  [kréizi] ~에 빠져 있는
- Because I'll take part in a tournament next week.
  ~에 참가하다  [túərnəmənt] 승자 진출전, 토너먼트
- Oh, I see. Will John practice tennis with you, too?
- No, he won't.
  [wount] will not의 축약형
- Will he practice with somebody else?
  [els] 다른
- No, he won't. He won't practice with anybody.
- Why won't he practice tennis?
- Because he won't take part in the tournament.

### 본문 해석

A: 빌, 오늘 오후에 뭐할 거니? / B: 테니스를 연습할 거야. / A: 왜 그렇게 테니스 연습에 열심이니? / B: 다음 주에 토너먼트에 참가할 거라서. / A: 아, 그래. 존하고 테니스를 연습할 거니? / B: 존은 하지 않을 거야. / A: 존은 딴 사람하고 연습하니? / B: 아니. 그는 아무하고도 연습하지 않아. / A: 왜 존은 테니스를 연습하지 않니? / B: 존은 토너먼트에 참가하지 않기 때문이야.

## 문장 형식 분석

| S | V(will+동사원형) | O | 수식어(시간) |
|---|---|---|---|
| I | will practice | tennis | this afternoon. |

PART 2 문장의 5형식 활용 연습

| S | V(will+동사원형) | C(형용사) | 수식어 | 수식어(시간) |
|---|---|---|---|---|
| I | won't be | late | for school | tomorrow morning. |

## 문법 해설

### 1 조동사 will의 용법

조동사는 본동사를 도와 여러 가지 의미를 나타내는 말이다. will은 미래시제를 표현하는 대표적인 조동사로 다음과 같은 세 가지 의미로 쓰인다.

① 주어의 의지를 나타내어 '~하겠다, ~하려고 한다'라는 뜻을 나타낸다. 〈의지미래〉
② 주어의 의지에 관계없이 단순히 '~일(할) 것이다'는 뜻을 나타낸다. 〈단순미래〉
③ 주어에 대해 제3자가 '~일 것이다, ~이겠다'라는 추측의 뜻을 나타낸다.

| 주어 | 현재시제 | 미래시제 | 현재시제 의문문 | 미래시제 의문문 |
|---|---|---|---|---|
| I<br>You | go.<br>practice. | will+ go.<br>practice. | Do+S+ go?<br>practice? | Will+S+ go?<br>practice? |
| He<br>She | goes.<br>practices. | | Does+S+ go?<br>practice? | |
| We<br>They | go.<br>practice. | | Do+S+ go?<br>practice? | |

### 2 Will you ~?의 용법

1. '~할 겁니까?, ~할 작정입니까?'라고 상대방의 의사를 물을 때.
   Will you **go to America?**(미국에 갈 거니?)

2. '~해 주겠어요?'리고 상대방에게 권유하거나 요청할 때.
   Will you(Won't you) **have some more?**(좀 더 먹을래?)

## 문장 따라 말하기 연습

### STEP 1  기본 문장 따라 말하기 연습   mp3 16-2

다음 문장을 듣고, 입에 붙을 때까지 반복해서 소리 내어 따라 말해보세요.

1. **I'll go to the tennis court tomorrow.**
   내일 나는 테니스 코트에 갈 것이다.

2. **He won't go to the tennis court tomorrow.**
   내일 그는 테니스 코트에 가지 않을 것이다.

3. **She'll practice the piano tomorrow afternoon.**
   내일 오후 그녀는 피아노를 연습할 것이다.

4. **Her sister won't practice the piano tomorrow afternoon.**
   내일 오후 그녀의 여동생은 피아노를 연습하지 않을 것이다.

> tennis court: 테니스 코트 / practice the piano: 피아노를 연습하다 〈비교〉 practice tennis

### STEP 2  응용 문장 따라 말하기 연습   mp3 16-3

다음 문장을 듣고, 입에 붙을 때까지 반복해서 소리 내어 따라 말해보세요.

1. **He'll come to school earlier than usual tomorrow.**
   내일 그는 평소보다 일찍 등교할 것이다.

2. **I won't be late for school tomorrow morning.**
   내일 오전 나는 수업에 지각하지 않을 것이다.

3. **Some of my classmates will be absent with colds tomorrow.**
   내일 우리 반 학생 몇 명이 감기로 결석할 것이다.

4. **Our English teacher will give us a test tomorrow.**
   내일 영어 선생님이 우리에게 시험을 내실 것이다.

> earlier〈early(일찍)의 비교급 / than usual: 평소보다 / (be) late for ~: ~에 지각하다 / (be) absent: 결석하다 / with colds: 감기로

# 묻기 · 대답하기 연습

해답 277쪽

### STEP 1  기본 문장 묻기 · 대답하기 연습  🎧 mp3 **16-4**

다음의 문장을 이용해서 지시에 따라 문장을 만들고 대화 연습을 해 보세요.

> **I'll practice tennis this afternoon.**

1. 의문문으로 >>
2. 1.의 대답 >>
3. baseball? >>
4. 3.의 대답 >>
5. What? >>
6. 5.의 대답 >>

### STEP 2  응용 문장 묻기 · 대답하기 연습  🎧 mp3 **16-5**

다음의 문장을 이용해서 지시에 따라 문장을 만들고 대화 연습을 해 보세요.

> **Jack won't take part in the tournament.**

1. 의문문으로 >>
2. 1.의 대답; No, >>
3. Bill? >>
4. 3.의 대답; Yes, >>
5. Who, won't? >>
6. 5.의 대답 >>

UNIT 16 **S+V**(will+동사원형)**+O**

# UNIT 17

S는 ~일 것이다
**S+V**(will be)**+C**(형용사 또는 명사)
The weather will be like this all day long.

🎧 mp3 **17-1**

- How will the weather be this afternoon?
- I'm not a weatherman.
- I know, but what do you think the weather will be like today?
- Well, I think the weather will be like this all day long.
- Do you mean this rainy weather will last all day long?
- Yes, I do. But why are you so anxious about the weather?
- Because I think I'll go hiking this afternoon.
- Oh? I don't think the weather will be good enough for hiking.

### 본문 해석

A: 오늘 오후 날씨가 어떨까? / B: 나는 일기예보 하는 사람이 아니야. / A: 알아, 그런데 오늘 날씨 어떨 것 같아? / B: 하루 종일 이럴 것 같아. / A: 이렇게 비가 하루 종일 올 것 같다는 말이지? / B: 그래. 그런데 왜 날씨 걱정을 하는 거니? / A: 오늘 오후에 하이킹을 가려고 해. / B: 그래? 날씨가 하이킹하기 좋을 것 같진 않은데.

## 문장 형식 분석

| S | V(will+동사원형) | C(형용사) | 수식어(시간) |
|---|---|---|---|
| **The weather** | **will be** | **like this** | **all day long.** |

↳ like this(이와 같은)는 형용사로 fine(맑은), rainy(비오는)와 같은 역할을 한다.

| S | V(will+동사원형) | C(형용사) |
|---|---|---|
| **The weather** | **will be** | **good enough for hiking.** |

good　enough　for hiking

## 문법 해설

### 1 주어가 사람이나 동물이 아닌 경우의 will

| 형식 | 현재시제 | 미래시제 |
|---|---|---|
| S+V+C인 경우 | It is ~. | It will be ~. |
| S+V인 경우 | It does ~. | It will do ~. |

### 2 will be는 의지미래인가, 단순미래인가?

주어가 1인칭(I, we)인 경우는 '~할 작정이다'라는 의지미래로도 쓰이지만, 그 외에는 보통 단순미래(추측·예정)를 나타낸다.

I will be **absent tomorrow.** 〈의지(결석하겠다) / 추측·예정(결석할 것이다)〉
He will be **sick tomorrow.** 〈추측(아플 것이다)〉
It will be **fine tomorrow.** 〈추측(맑을 것이다)〉
School will be **over at 3 o'clock.** 〈추측·예정(끝날 것이다)〉

### 3 '~하지 않을 것 같다'와 '~할 것 같지 않다'

우리말은 어떻게 말해도 관계없지만, 영어는 반드시 'I don't think+긍정문' 형태로 쓴다.

I think this rainy weather will last all day long. (○)
I don't think this rainy weather will last all day long. (○)
I think this rainy weather won't last all day long. (×)

### 4 Shall I ~?(제가 ~할까요?)

shall도 주어가 1인칭일 때 '~할 것이다'라는 미래의 의미를 나타내지만, shall보다는 will을 쓸 때가 많다. shall은 상대방의 의사를 물을 때 Shall I(we) ~? 형태로 '~할까요?'라는 의미를 나타낸다. 이때는 미래의 의미는 없고 공손하게 상대방의 의사를 묻는 것이다.

A: Shall I **help you?**(제가 도와 드릴까요?)
B: **Yes, please do.**(네, 좀 도와주세요.)

### 5 '날씨는 어때요?'와 '기온은 어때요?'의 구별

| | | |
|---|---|---|
| 날씨 | The weather is fine. | → How is the weather? |
| | The weather will be fine. | → How will the weather be? |
| 기온 | The temperature is 20°. | → What is the temperature? |
| | The temperature will be 20°. | → What will the temperature be? |

날씨를 물을 때 what을 쓰려면 What ~ like? 형태로 한다.
What is the weather like? → What will the weather be like?

## 문장 따라 말하기 연습

### STEP 1 기본 문장 따라 말하기 연습
🔊 mp3 17-2

다음 문장을 듣고, 입에 붙을 때까지 반복해서 소리 내어 따라 말해보세요.

1. **How will the weather be tomorrow?**
   내일 날씨 어떨까요?

2. **It will be rainy tomorrow.**
   내일 비가 올 것이다.

3. **What will the temperature be tomorrow noon?**
   내일 정오 기온은 어떨까요?

4. **It will be about 20 degrees tomorrow noon.**
   내일 정오 기온은 약 20도일 것이다.

> rainy: 비오는, 우천의 / temperature: 기온 / degree(s): (온도의) 도

### STEP 2 응용 문장 따라 말하기 연습
🔊 mp3 17-3

다음 문장을 듣고, 입에 붙을 때까지 반복해서 소리 내어 따라 말해보세요.

1. **I think the temperature will be lower than 20 degrees tomorrow noon.**
   내일 정오 기온은 20도 이하일 것 같다.

2. **I don't think the temperature will be higher than 20 degrees.**
   기온은 20도 이상일 것 같지 않다.

3. **I think this uncomfortable weather will soon be over.**
   이런 우중충한 날씨는 곧 끝날 것 같다.

4. **I don't think this uncomfortable weather will last long.**
   이런 우중충한 날씨가 오래 지속될 것 같지 않다.

> lower〈low(낮은)의 비교급 / higher〈 high(높은)의 비교급 /
> uncomfortable: 불쾌한 cf. comfortable(기분 좋은, 안락한) / (be) over 끝나다

UNIT 17 **S+V**(will be)**+C**(형용사 또는 명사)

# UNIT 18

**S는 ~할 작정이다**
**S+V**(be going to+동사원형)**+수식어**

My cousin in New York is going to come to Seoul.

🎧 mp3 18-1

- My cousin in New York is going to come to Seoul by plane next Thursday.
- What sort of plane is he going to take?
- He's going to take a jet plane.
- Is he going to come from Kennedy International Airport?
- Yes, he is. He's coming from Kennedy International Airport.
- When is he going to leave there?
- He's going to leave there at 8:30 Wednesday morning.
- And what time is he going to arrive at Incheon International Airport?
- He's going to arrive here at 4:50 Thursday afternoon.

### 본문 해석

A: 목요일에 뉴욕에 사는 사촌이 비행기 편으로 서울에 올 거야. / B: 어떤 종류의 비행기를 타니? / A: 제트기를 탈 거야. / B: 케네디 공항에서 오는 거니? / A: 그래. 케네디 공항에서 오는 거야. / B: 몇 시에 케네디 공항을 출발해? / A: 수요일 오전 8시 반에 케네디 공항을 떠나. / B: 그럼 몇 시에 인천공항에 도착하니? / A: 목요일 오후 4시 50분에 도착할 거야.

## 문장 형식 분석

| S | V(be going to+동사원형) | 수식어(장소) | 수식어(방법) | 수식어(시간) |
|---|---|---|---|---|
| My cousin in New York | is going to come | to Seoul | by plane | tomorrow. |

| S | V | 수식어(장소) |
|---|---|---|
| He | is going to leave | there. |

## 문법 해설

### 1 미래를 나타내는 be going to ~

미래시제는 'will+동사원형'이나 'be going to+동사원형'으로 표현할 수 있다.

| will을 쓰는 미래 | be going to를 쓰는 미래 |
|---|---|
| I / You / He will study English. | I am going to / You are going to / He is going to study English. |

I'm going to **go to the library tomorrow**. 〈의도〉
It's going to **be fine tomorrow**. 〈예측〉
He's going to **be sick very soon**. 〈예측〉
I'm going to **be 24 years old next birthday**. 〈미래〉

will과 be going to가 나타내는 미래는 의미상 큰 차이는 없지만, 다음과 같은 점에서 구별된다.

① will은 단순한 미래의 사실, be going to는 말하는 사람의 의도를 나타낸다.
② will은 주어의 즉흥적인 의지, be going to는 이전부터 결정된 일을 말할 때 쓴다.
③ will은 미래의 일을 단순하게 예측할 때 쓰지만, be going to는 현재의 상황에서 미래에 어떤 일이 일어날지 예상할 수 있을 때 쓴다.

A: The telephone is ringing.(전화 왔어.)
B: OK, I'll answer it.(알았어, 내가 받을게.)

A: What are your plans for tonight?(오늘밤 무슨 계획 있니?)
B: I'm going to meet a friend for dinner.(친구하고 저녁을 먹을 거야.)

### 2 현재진행형으로 나타내는 미래

이미 예정되어 있거나 결정되어 있는 미래의 일을 나타낼 때 미래시제 대신에 현재진행형(be동사+V-ing)을 쓰기도 한다. 이 경우에는 보통 tomorrow, next week 등의 미래의 시간을 나타내는 부사(구)와 함께 쓰인다.

He is going **there tomorrow**. = is going to go
He is coming **to Seoul tomorrow**. = is going to come
He is arriving **at Incheon International Airport tomorrow**. = is going to arrive

## 문장 따라 말하기 연습

### STEP 1   기본 문장 따라 말하기 연습   🔊 mp3 **18-2**

다음 문장을 듣고, 입에 붙을 때까지 반복해서 소리 내어 따라 말해보세요.

1. **I'm going to go to the library tomorrow.**
   내일 나는 도서관에 갈 작정이다.

2. **He's going to come to my house tomorrow.**
   내일 그는 우리 집에 올 것이다.

3. **We're going to play soccer next Sunday.**
   일요일에 우리는 축구를 할 작정이다.

4. **They're going to climb the mountain this weekend.**
   이번 주말에 그들은 그 산을 등반할 것이다.

library: 도서관 / soccer: 축구 / climb: 오르다 / mountain: 산 / weekend: 주말


### STEP 2   응용 문장 따라 말하기 연습   🔊 mp3 **18-3**

다음 문장을 듣고, 입에 붙을 때까지 반복해서 소리 내어 따라 말해보세요.

1. **How is the weather going to be tomorrow?**
   내일 날씨는 어떻겠어요?

2. **Our teacher is going to give us a test tomorrow.**
   내일 선생님은 우리에게 시험을 치룰 작정이다.

3. **There's going to be a PTA meeting at my school next Saturday.**
   토요일에 학교에서 육성회 모임이 있을 것이다.

4. **There're going to be a lot of parents in the meeting.**
   그 모임에 많은 부모가 참석할 것이다.

PTA meeting: 육성회 모임. PTA(=Parent-Teacher Association) / parent(s): 부모

# 묻기·대답하기 **연습**

해답 278쪽

## STEP 1  기본 문장 **묻기·대답하기** 연습

🔊 mp3 **18-4**

다음의 문장을 이용해서 지시에 따라 문장을 만들고 대화 연습을 해 보세요.

> **He is going to take a jet plane.**

1. 의문문으로 >>
2. 1.의 대답 >>
3. a helicopter? >>
4. 3.의 대답 >>
5. What kind of plane? >>
6. 5.의 대답 >>


## STEP 2  응용 문장 **묻기·대답하기** 연습

🔊 mp3 **18-5**

다음의 문장을 이용해서 지시에 따라 문장을 만들고 대화 연습을 해 보세요.

> **My cousin is going to arrive at Incheon International Airport at 4:50 Thursday afternoon.**

1. 의문문으로 >>
2. 1.의 대답 >>
3. at 3:30? >>
4. 3.의 대답 >>
5. What time? >>
6. 5.의 대답 >>

# UNIT 19

S는 ~해야 한다
**S+V**(have to+동사원형)**+ ~**
I have to do my homework now.

🔊 mp3 **19-1**

A: doctor / B: a boy

- What's wrong with you?
  [rɔːŋ] 어디 아프세요? = What is the matter with you?
- I have a sore throat.
  [sɔːr θrout] 목이 아프다
- Open your mouth and say Aah!
- Aahh...!
- All right. You have a cold. Take this medicine and go to bed earlier than usual.
  [médəsin] 약
  평소보다
- Won't I have to come again tomorrow?
- No, you won't. If you don't have a temperature, you won't have to come tomorrow.
  [if] (만약) ~면    [témpərətʃər] 열이 있다 = have a fever

📖 본문 해석 ·············································································

A: 어디가 아프니? / B: 목이 아파요. / A: 입을 벌리고 아 해 봐. / B: 아…! / A: 그래. 감기에 걸렸구나. 이 약을 먹고 일찍 자거라. / B: 내일 다시 오지 않아도 돼요? / A: 그래. 열이 없으면 내일 올 필요는 없어.

## 문장 형식 분석

| S | V(have to+동사원형) | 수식어(시간) |
|---|---|---|
| **You** | **won't have to come** | **tomorrow.** |

🎵 '~해야 한다'라는 필요·의무는 조동사 must나 have to ~로 나타낸다. must의 시제는 have to를 써서 나타낼 수 있다.

현재시제: I have to ~         ~해야 한다
         I don't have to ~   ~할 필요 없다
미래시제: I will have to ~    ~해야 할 것이다
         I won't have to ~   ~할 필요 없을 것이다

PART 2 문장의 5형식 활용 연습

| If you don't have a temperature, | you won't have to come tomorrow. |
|---|---|
| 종속절 | 주절 |

♪ 문장의 일부로 '주어+동사'의 형태를 갖춘 것을 절이라고 하며 접속사를 써서 절과 절을 연결할 수 있다. 이 경우 연결된 두 개의 절은 주종의 관계가 생긴다. 접속사가 붙은 절을 종속절이라고 하고 종속절이 연결되어 있는 절을 주절이라고 한다.
if는 조건을 나타내는 부사절을 이끄는 접속사로 '만일 ~한다면'이란 뜻을 나타낸다.

## 문법 해설

### 1 have to ~의 용법

|  | 현재시제 | 과거시제 | 미래시제 |
|---|---|---|---|
| 긍정문 | I have to ~.<br>He has to ~. | I(He) had to ~. | I(He) will have to ~. |
| 부정문 | I don't have to ~.<br>He doesn't have to ~. | I(He) didn't have to ~. | I(He) won't have to ~. |
| 의문문 | Do I have to ~?<br>Does he have to ~? | Did I(he) have to ~? | Will I(he) have to ~? |

### 2 have to ~와 must의 차이

1. 긍정문: have to ~ = must

   I [have to / must] work. (나는 일해야 한다.) 〈의무〉

2. 부정문: don't have to ≠ must not

   I don't have to work.(나는 일할 필요 없다.) 〈불필요〉
   I must not work.(나는 일해선 안 된다.) 〈강한 금지〉

또한 must는 말하는 사람이 자신의 입장이나 권한으로 상대방에게 강제하는 경우에 쓰이며, have to는 규칙·일정·주위 상황 등 말하는 사람과는 관계없는 사정 때문에 뭔가를 해야만 하는 경우에 쓸 때가 많다.
주어가 1인칭인 경우 말하는 사람의 결의를 나타낼 때는 must를 쓸 때가 많다.

# 문장 따라 말하기 연습

## STEP 1  기본 문장 따라 말하기 연습   ◁┊ mp3 19-2

다음 문장을 듣고, 입에 붙을 때까지 반복해서 소리 내어 따라 말해보세요.

1. **I have to do my homework now.**
   지금 나는 숙제를 해야 한다.

2. **He has to go to a doctor today.**
   오늘 그는 병원에 가야 한다.

3. **I don't have to do my homework now.**
   지금 나는 숙제를 할 필요 없다.

4. **He doesn't have to go to a doctor today.**
   오늘 그는 병원에 갈 필요 없다.


## STEP 2  응용 문장 따라 말하기 연습   ◁┊ mp3 19-3

다음 문장을 듣고, 입에 붙을 때까지 반복해서 소리 내어 따라 말해보세요.

1. **I'll have to go to work early tomorrow morning.**
   내일 아침에 나는 일찍 출근해야만 할 것이다.

2. **You'll have to get back home a little earlier than usual tonight.**
   오늘 밤에 너는 평소보다 일찍 집에 돌아와야 할 것이다.

3. **I won't have to be at school so early tomorrow morning.**
   내일 아침에 나는 일찍 등교할 필요가 없을 것이다.

4. **You won't have to say anything at the meeting tomorrow.**
   내일 회의에서 당신은 아무런 말도 할 필요가 없을 것이다.

---

go to work: 출근하다. work은 명사. / get back home: 귀가하다/ be at school: 등교하다 = go to school

## 묻기·대답하기 연습

해답 278쪽

### STEP 1 기본 문장 묻기·대답하기 연습

 mp3 **19-4**

다음의 문장을 이용해서 지시에 따라 문장을 만들고 대화 연습을 해 보세요.

> **He has to do his homework now.**

1. 의문문으로 >>
2. 1.의 대답 >>
3. You? >>
4. 3.의 대답 >>
5. Who? >>
6. 5.의 대답 >>


### STEP 2 응용 문장 묻기·대답하기 연습

 mp3 **19-5**

다음의 문장을 이용해서 지시에 따라 문장을 만들고 대화 연습을 해 보세요.

> **I won't have to go to a doctor tomorrow.**

1. 의문문으로 >>
2. 1.의 대답; No, >>
3. go to school? >>
4. 3.의 대답; Yes, >>
5. Where, won't? >>
6. 5.의 대답 >>

UNIT 19 **S+V**(have to+동사원형)+ ~

# UNIT 20

S는 ~할 수 있다
**S+V**(can+동사원형)**+ ~**
You'll be able to swim next summer.

🔊 mp3 20-1

- Can you swim?
- No, I can't. I don't know how to swim.
- Don't you want to learn to swim?
- Yes, I do. I wanted to learn to swim last summer, but I couldn't.
- Why couldn't you?
- Because I wasn't in good health.
- Oh, I see. Then you'll have to wait for another year before you can learn to swim.
- Yes, I will. I will try to learn to swim next summer.
- I hope you'll be able to swim next summer.

### 본문 해석

A: 수영 할 수 있어? / B: 아니. 수영하는 방법을 몰라. / A: 수영하는 것을 배우고 싶지 않니? / B: 배우고 싶어. 지난여름에 수영하는 걸 배우고 싶었는데 못 배웠어. / A: 왜? / B: 건강이 좋지 않아서. / A: 그렇구나. 그러면 수영하는 것을 배우려면 1년을 또 기다려야겠네. / B: 그래. 내년 여름에는 수영하는 것을 배워 볼 거야. / A: 내년 여름에는 수영을 할 수 있기를 바라.

## 문장 형식 분석

| S | V(be able to+동사원형) | 수식어(시간) |
|---|---|---|
| You | will be able to swim | next summer. |

🎵 '~할 수 있다'는 능력을 말할 때는 조동사 can, could나 be able to를 쓸 수 있다.
   현재시제: I can+동사원형 ~        ~할 수 있다
   과거시제: I could+동사원형 ~      ~할 수 있었다
   미래시제: I will be able to+동사원형 ~ ~할 수 있을 것이다

| You'll have to wait for another year, | before you can learn to swim. |
|---|---|
| 주절 | 종속절 |

🎵 두 개의 절이 접속사 before로 연결되어 주절·종속절의 관계로 된 문장이다. before는 시간의 부사절을 이끄는 부사절로 '~하기 전에'라는 뜻을 나타낸다.

## 문법 해설

### 1 can의 용법

can이 능력의 의미로 쓰일 때는 be able to로 바꿔 쓸 수 있다. could는 can의 과거형으로 과거의 일반적인 능력을 나타낸다.

|  | 현재시제 | 과거시제 | 미래시제 |
|---|---|---|---|
| 긍정문 | I can ~. | I could ~. | I will be able to ~. |
| 부정문 | I can't ~. | I couldn't ~. | I won't be able to ~. |

의문문은 can을 주어 앞에 써서 나타낸다.

### 2 will be able to ~에 대한 대답

**Will I be able to swim?**

　Yes, you will. You will be able to swim.

　No, you won't. You won't be able to swim.

　〈주의〉 Yes, you will be able to. / No, you won't be able to.라고는 할 수 없다.

# 문장 따라 말하기 연습

### STEP 1  기본 문장 따라 말하기 연습

🔊 mp3 **20-2**

다음 문장을 듣고, 입에 붙을 때까지 반복해서 소리 내어 따라 말해보세요.

1. **I couldn't swim very well last year, but I can swim very well now.**
   작년에 나는 수영을 잘 할 수 없었지만, 지금은 아주 잘 할 수 있다.

2. **My sister couldn't ride a bicycle very well last month, but she can ride very well now.**
   지난달에 내 여동생은 자전거를 잘 탈 수 없었지만, 지금은 아주 잘 탈 수 있다.

3. **My father couldn't drive a car very well two months ago, but he can drive very well now.**
   두 달 전에 아버지는 운전을 잘 할 수 없었지만, 지금은 아주 잘 할 수 있다.

> not ~ very well: ~이 서툴다. I can drive very well.(운전을 잘한다) / I can't drive very well.(운전이 서툴다) / ride: 타다 / bicycle: 자전거

### STEP 2  응용 문장 따라 말하기 연습

🔊 mp3 **20-3**

다음 문장을 듣고, 입에 붙을 때까지 반복해서 소리 내어 따라 말해보세요.

1. **I'll be able to swim 25 meters next summer.**
   내년 여름에 나는 25미터를 수영할 수 있을 것이다.

2. **I'll be able to get a good mark in the next test.**
   다음 시험에서 나는 좋은 점수를 받을 수 있을 것이다.

3. **I won't be able to come here tomorrow.**
   내일 나는 여기 올 수 없을 것이다.

4. **I won't be able to be in time for school tomorrow morning.**
   내일 오전에 나는 수업시간에 맞춰 올 수 없을 것이다.

> meter(s): 미터 / get a good mark: 좋은 점수를 받다

# 묻기 · 대답하기 연습

해답 279쪽

### 기본 문장 묻기·대답하기 연습

🔊 mp3 **20-4**

다음의 문장을 이용해서 지시에 따라 문장을 만들고 대화 연습을 해 보세요.

> **I couldn't swim two years ago.**

1. 의문문으로 >>
2. 1.의 대답; No, >>
3. now? >>
4. 3.의 대답; Yes, >>
5. How long ago, couldn't? >>
6. 5.의 대답 >>

### 응용 문장 묻기·대답하기 연습

🔊 mp3 **20-5**

다음의 문장을 이용해서 지시에 따라 문장을 만들고 대화 연습을 해 보세요.

> **You'll be able to swim 25 meters next summer.**

1. 의문문으로 >>
2. 1.의 대답 >>
3. one hundred meters? >>
4. 3.의 대답 >>
5. How many meters? >>
6. 5.의 대답 >>

# UNIT 21

S는 …하려고 ~한다
## S+V+수식어(to부정사)
I went there to see him off.

🔊 mp3 21-1

- Where did you go yesterday?
- I went to the airport.
  [airport] 공항
- What did you go there for?
  What ~ for 기에, 무엇 하러)
- Well, a friend of my brother's left for America yesterday. I went there to see him off.
  see ~ off(~을 배웅하다)   [left] leave(~로 떠나다)의 과거형
- Oh, I see. There were many other people at the airport, weren't there?
- Yes, there were. Everybody was there to see somebody off.
- Didn't you want to go to America, too?
- Yes, I did.
- Well, to go to America some time in the future, you'll have to study English much harder.

**본문 해석**

A: 어제 어디 갔었니? / B: 공항에 갔었어. / A: 거긴 왜 갔어? / B: 어제 형의 친구가 미국으로 떠나서 배웅하러 갔어. / A: 그렇구나. 공항에 사람들이 많았지? / B: 그래. 모두 누군가를 배웅하려고 거기 있었어. / A: 너도 미국에 가고 싶지 않았니? / B: 가고 싶었어. / A: 언젠가 미국에 가기 위해선 영어를 더 열심히 공부해야 할 거야.

## 문장 형식 분석

| S | V | 수식어(장소) | 수식어(to부정사) |
|---|---|---|---|
| I | went | there | to see him off. |

* to부정사의 부사적 용법

PART 2 문장의 5형식 활용 연습

|   수식어(to부정사)   |   S   |   V   |   O   |
|---|---|---|---|
| To go to America some time in the future, | you | will have to study | English. |

To go to America some time in the future, you'll have to study English.

to부정사의 부사적 용법

## 문법 해설

### 1 부정사의 부사적 용법; 목적을 나타내는 부정사

부정사는 명사 역할을 하거나 여기에서와 같이 동사나 문장 전체를 수식할 수 있다.
I want to see him off.(그를 배웅하고 싶다.) 〈명사 역할〉
I went to see him off.(그를 배웅하러 갔다.) 〈부사 역할〉

부정사가 동사나 문장 전체를 수식하는 것을 부정사의 부사적 용법이라고 하며 목적의 의미를 나타내는 부사적 용법의 부정사는 '~하기 위하여, ~하려고'라는 뜻을 나타낸다.

### 2 목적의 의미를 분명히 나타내기 위해 to 앞에 in order나 so as를 쓸 수 있다.

1. in order to ~: ~하기 위하여
   in order not to ~: ~하지 않기 위하여
   He studied hard in order to pass the examination.
   (그는 시험에 합격하기 위해 열심히 공부했다.)
   He studied hard in order not to fail in the examination.
   (그는 시험에 떨어지지 않기 위해 열심히 공부했다.)

2. so as to ~: ~ 하기 위해
   so as not to ~: ~하지 않기 위해
   I got up so as to catch the train. (그 열차에 타기 위해 일어났다.)
   I got up so as not to miss the train.(그 열차를 놓치기 않기 위해 일어났다.)

## 문장 따라 말하기 연습

### STEP 1 기본 문장 따라 말하기 연습

다음 문장을 듣고, 입에 붙을 때까지 반복해서 소리 내어 따라 말해보세요.

1. **I went to the station to see my uncle off.**
   나는 삼촌을 배웅하기 위해 역에 갔다.

2. **I went to the station to meet my aunt.**
   나는 고모를 마중하러 역에 갔다.

3. **I went to the airport to take an airplane.**
   나는 비행기를 타기 위해 공항에 갔다.

4. **I went to the station to take a train.**
   나는 열차를 타기 위해 역에 갔다.

> uncle: 삼촌, 백부, 숙부, 외삼촌 / meet: 만나다, 마중하다 / aunt: 아주머니, 고모, 이모 / airplane: 비행기 / take (a train): (열차)에 타다

### STEP 2 응용 문장 따라 말하기 연습

다음 문장을 듣고, 입에 붙을 때까지 반복해서 소리 내어 따라 말해보세요.

1. **They hurried to the station to catch the last train.**
   그들은 막차를 타기 위해 역으로 서둘러 갔다.

2. **The American will come to Korea to teach us English.**
   그 미국인은 우리에게 영어를 가르치기 위해 한국에 올 것이다.

3. **You'll have to study hard to pass the examination.**
   너는 시험에 합격하기 위해선 열심히 공부해야 할 것이다.

4. **We eat to live, but we don't live to eat.**
   사람은 살기 위해 먹지만, 먹기 위해 살지 않는다.

> hurried〈 hurry(서두르다)의 과거형 / pass: 합격하다 / examination: 시험

# 묻기 · 대답하기 연습

해답 279쪽

 **STEP 1** 기본 문장 **묻기·대답하기** 연습    mp3 21-4

다음의 문장을 이용해서 지시에 따라 문장을 만들고 대화 연습을 해 보세요.

> **I went to the airport see him off.**

1. 의문문으로 >>
2. 1.의 대답 >>
3. to the station? >>
4. 3.의 대답 >>
5. Where? >>
6. 5.의 대답 >>

 **STEP 2** 응용 문장 **묻기·대답하기** 연습    mp3 21-5

다음의 문장을 이용해서 지시에 따라 문장을 만들고 대화 연습을 해 보세요.

> **He will come to Korea to teach us English.**

1. 의문문으로 >>
2. 1.의 대답 >>
3. to learn Korean? >>
4. 3.의 대답 >>
5. What ~ for? >>
6. 5.의 대답 >>

# UNIT 22

S는 …하기에 ~다
**S+V**(be동사)**+C**(형용사+to부정사)

English is difficult to speak.

🎵 mp3 22-1

- Is English easy to speak?
- No, it isn't. English isn't easy to speak.
- Do you think English is difficult to speak?
- Yes, I do. I think English is very difficult to speak.
- Do you think English is easy to speak?
- No, I don't. I don't think English is easy to speak.
- Do you think English is a difficult language to learn?
- Yes, I do. I think it is a difficult language to learn.
- Do you think French is a more difficult language to learn than English?
- No, I don't. I think any foreign language is difficult to learn.

### 본문 해석

A: 영어는 말하기 쉽니? / B: 아니. 영어는 말하기 쉽지 않아. / A: 영어는 말하기 어려운 것 같니? / B: 그래. 영어는 말하기 정말 어려운 것 같아. / A: 영어는 말하기 쉬운 것 같니? / B: 아니. 영어는 말하기 쉬운 것 같지 않아. / A: 영어는 배우기 어려운 말 같니? / B: 그래. 배우기 어려운 말 같아. / A: 프랑스어가 영어보다 더 배우기 어려운 말 같니? / B: 아니. 어떤 외국어든 배우기 어려운 것 같아.

## 문장 형식 분석

| S | V | C(형용사+to부정사) |
|---|---|---|
| **English** | **is** | **difficult to speak.** |

difficult ← to speak
　　　　　　to부정사의 부사적 용법

PART 2 문장의 5형식 활용 연습

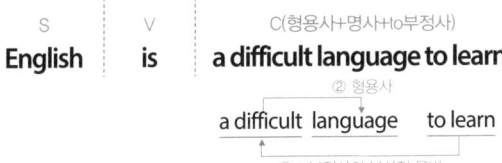

## 문법 해설

### 1 부정사의 부사적 용법; 형용사를 수식하는 to부정사

형용사 뒤에 오는 to부정사는 '~하기에, ~하는 데'라는 의미로 앞에 나온 형용사를 수식한다.

### 2 형용사 비교급·최상급 만드는 방법

형용사나 부사는 다른 품사와는 다르게 성질이나 정도의 차이를 나타내기 위해 어형 변화를 한다. 이것을 비교라고 하며 원급·비교급·최상급의 세 종류가 있다.

| | | | 원급 | 비교급 | 최상급 |
|---|---|---|---|---|---|
| 규칙 변화 | 원급 어미에 -er, -est를 붙이는 것 | 1음절 형용사 | rich<br>tall | richer<br>taller | richest<br>tallest |
| | | 어미가 -er, -y, -ow, -le 등으로 끝나는 2음절 형용사 | clever<br>happy<br>shallow<br>simple | cleverer<br>happier<br>shallower<br>simpler | cleverest<br>happiest<br>shallowest<br>simplest |
| | 원급 앞에 more, most를 붙이는 것 | 어미가 -er, -y, -ow, -le 이외의 2음절 형용사 | active<br>careless | more active<br>more careless | most active<br>most careless |
| | | 모든 3음절 이상의 형용사 | beautiful<br>expensive | more beautiful<br>more expensive | most beautiful<br>most expensive |
| | | 어미가 -ly인 부사 | slowly | more slowly | most slowly |
| 불규칙 변화 | | good(좋은)<br>well(건강한, 잘) | | better | best |
| | | bad(나쁜)<br>badly(나쁘게, 몹시)<br>ill(아픈) | | worse | worst |
| | | many(많은〈수〉)<br>much(많은〈양〉) | | more | most |
| | | little(적은) | | less | least |

## 문장 따라 말하기 연습

### STEP 1  기본 문장 따라 말하기 연습
🔊 mp3 **22-2**

다음 문장을 듣고, 입에 붙을 때까지 반복해서 소리 내어 따라 말해보세요.

1. **This work is very hard to do.**
   이 일은 하기에 매우 힘들다.

2. **These questions are very difficult to answer.**
   이 질문들은 대답하기에 매우 어렵다.

3. **This book is interesting to read.**
   이 책은 읽기에 재미있다.

4. **This game is very exciting to watch.**
   이 경기는 보기에 정말 흥미진진하다.

> **work**: 일. 추상명사로 관사를 붙이지 않고 단수 취급한다. / **hard**: 힘든, 어려운(=difficult) / **interesting**: 재미있는, 흥미 있는〈 interest(흥미를 일으키게 하다) / **game**: 경기 / **exciting**: 흥미진진한, 흥분하게 하는〈excite(흥분시키다)

### STEP 2  응용 문장 따라 말하기 연습
🔊 mp3 **22-3**

다음 문장을 듣고, 입에 붙을 때까지 반복해서 소리 내어 따라 말해보세요.

1. **This is very hard work to do.**
   이것은 하기 정말 힘든 일이다.

2. **These are very difficult questions to answer.**
   이것들은 대답하기 정말 어려운 질문들이다.

3. **This is an interesting book to read.**
   이것은 읽기에 재미있는 책이다.

4. **This is a very exciting game to watch.**
   이것은 보기에 정말 흥미진진한 경기다.

# 묻기 · 대답하기 연습

해답 280쪽

 기본 문장 **묻기 · 대답하기** 연습 　🔊 mp3 **22-4**

다음의 문장을 이용해서 지시에 따라 문장을 만들고 대화 연습을 해 보세요.

**English is a difficult language to speak.**

1. 의문문으로 >>
2. 1.의 대답 >>
3. Korean? >>
4. 3.의 대답 >>
5. What? >>
6. 5.의 대답 >>

 응용 문장 **묻기 · 대답하기** 연습 　🔊 mp3 **22-5**

다음의 문장을 이용해서 지시에 따라 문장을 만들고 대화 연습을 해 보세요.

**I think this book is interesting to read.**

1. 의문문으로 >>
2. 1.의 대답 >>
3. that book? >>
4. 3.의 대답 >>
5. Which, more interesting? >>
6. 5.의 대답 >>

# UNIT 23

S는 …하기에 ~다
**S+V**(be동사)**+C**(형용사+to부정사)
The North River is dangerous to swim in.

🔊 mp3 23-1

- Where are you going?
- I'm going swimming.
  <sub>go swimming(수영하러 가다)</sub>
- Where are you going swimming?
- I'm going swimming in the North River.
- The North River? Don't you think the North River is dangerous to swim in?
  <sub>[déindʒərəs] 위험한</sub>
- No, I don't. I don't think it is. Where do you usually go swimming, then?
- I usually go swimming in the South River.
- How do you know the South River is safe to swim in? I believe the South River is more dangerous to swim in.
  <sub>[bilí:v] 믿다, 틀림없이 ~라고 생각하다</sub> <sub>[seif] 안전한</sub>

## 본문 해석

A: 어디 가니? / B: 수영하러 가는 거야. / A: 어디로 수영하러 가니? / B: 노스 리버로 가. / A: 노스 리버? 노스 리버는 수영하기에 위험하다고 생각하지 않니? / B: 그래, 위험한 것 같지 않아. 그럼 넌 대개 어디로 수영하러 가니? / A: 나는 항상 사우스 리버로 가. / B: 사우스 리버가 안전한 지 네가 어떻게 알아? 난 사우스 리버가 수영하기에 더 위험하다고 생각해.

## 문장 형식 분석

| S | V | C(형용사+to부정사) |
|---|---|---|
| **The North River** | **is** | **dangerous to swim in.** |

dangerous ← to swim in

<sub>to부정사의 부사적 용법</sub>

PART 2 문장의 5형식 활용 연습

## 문법 해설

### 1 'to부정사+전치사'의 구조

|  | The North river | is dangerous. |
| --- | --- | --- |
| To swim | in the North river | is dangerous. |
| To swim in | the North river | is dangerous. |
|  | The North river | is dangerous to swim in. |

### 2 go swimming in the river

'강으로 수영하러 가다'는 go swimming to the river라고 하지 않는다. 그 이유는 우리말과 영어의 구조가 다르기 때문이다.

우리말: 강으로 + 수영하러 간다
영어:   go(가다) + swim in the river(강에서 수영하러)

### 3 to부정사의 용법은 쓰이는 위치에 따라 달라진다.

1. <u>To speak English</u> <u>is</u> <u>difficult</u>.
          S          V     C

   (영어를 말하는 것은; 명사적 용법) 〈Unit 36〉

2. <u>English</u> <u>is</u> <u>difficult</u> to speak.
      S      V        C

   (말하기에→형용사; 부사적 용법) 〈Unit 22〉

3. <u>To speak English</u>, <u>you</u> <u>have to practice</u> <u>it</u>.
        수식어           S       V           O

   (영어를 말하기 위해서는; 부사적 용법) 〈Unit 21〉

4. <u>This English class</u> <u>is</u> <u>a place to speak English</u>.
         S           V            C

   (영어를 말하는→명사; 형용사적 용법) 〈Unit 24〉

## 문장 따라 말하기 연습

### STEP 1  기본 문장 따라 말하기 연습   🔊 mp3 23-2

다음 문장을 듣고, 입에 붙을 때까지 반복해서 소리 내어 따라 말해보세요.

1. **The lake is dangerous to swim in.**
   그 호수는 수영하기에 위험하다.

2. **The old house is dangerous to live in.**
   그 낡은 집은 살기에 위험하다.

3. **The bridge is safe to walk on.**
   그 다리는 걷기에 안전하다.

4. **The road is safe to drive along.**
   그 도로는 운전하기에 안전하다.

> lake: 호수 / bridge: 다리 / road: 도로 / along ~: ~을 따라, ~을 끼고. drive along the road(도로를 따라 차를 몰다)

### STEP 2  응용 문장 따라 말하기 연습   🔊 mp3 23-3

다음 문장을 듣고, 입에 붙을 때까지 반복해서 소리 내어 따라 말해보세요.

1. **The room is very comfortable to live in.**
   그 방은 살기에 매우 편하다.

2. **The hotel isn't very comfortable to stay at.**
   그 호텔은 묵기에 그다지 편하지 않다.

3. **The girl is very pleasant to talk to.**
   그 소녀는 대화하기에 매우 즐겁다.

4. **The boy isn't very pleasant to work with.**
   그 소년은 같이 일하기에 그다지 즐겁지 않다.

> hurricomfortable: 편한 / talk to(with) ~: ~와 이야기하다 / pleasant: 유쾌한, 기분 좋은

# 묻기 · 대답하기 연습

해답 280쪽

### 기본 문장 묻기·대답하기 연습

🎧 mp3 **23-4**

다음의 문장을 이용해서 지시에 따라 문장을 만들고 대화 연습을 해 보세요.

> **The river is dangerous to swim in.**

1. 의문문으로 >>
2. 1.의 대답 >>
3. safe? >>
4. 3.의 대답 >>
5. How dangerous? >>
6. 5.의 대답; very >>

### 응용 문장 묻기·대답하기 연습

🎧 mp3 **23-5**

다음의 문장을 이용해서 지시에 따라 문장을 만들고 대화 연습을 해 보세요.

> **I think the girl is pleasant to talk to.**

1. 의문문으로 >>
2. 1.의 대답 >>
3. the boy? >>
4. 3.의 대답 >>
5. Who do you think ~? >>
6. 5.의 대답 >>

## UNIT 24

S는 …하는 것을 ~한다
**S+V+O**(명사+to부정사)

I want something to sharpen a pencil with.

🔊 mp3 24-1

- Do you have a knife?
- What are you going to do with a knife?
- I want to sharpen a pencil.
- Oh, I see. I don't have any knives now.
- I want something to sharpen a pencil with. What do you usually sharpen a pencil with?
- I usually sharpen a pencil with a pencil sharpener. Mine is an electric pencil sharpener.
- An electric pencil sharpener? I don't know how to use it.
- It's quite easy. I'll show you.
- All right. I'll try to use it.

### 본문 해석

A: 칼 있니? / B: 칼로 뭐 하려고? / A: 연필을 깎으려고. / B: 그래. 지금 칼은 없어. / A: 연필을 깎을 게 필요해. 넌 뭐로 연필을 깎니? / B: 연필깎이로 깎아. 내 것은 전기 연필깎이야. / A: 전기 연필깎이라고? 어떻게 쓰는지 모르겠어. / B: 아주 쉬워. 가르쳐 줄 게. / A: 좋아. 써 볼게.

## 문장 형식 분석

| S | V | O(명사+to부정사) |
|---|---|---|
| I | want | something to sharpen a pencil with. |

I have something+to ~     S는 ~할 어떤 것을 갖고 있다
I want something+to ~     S는 ~할 어떤 것을 원한다

## 문법 해설

### 1 to부정사의 형용사적 용법; 명사+to부정사

to부정사는 형태는 같아도 문장에 쓰이는 자리에 따라 그 역할이 달라진다. 예를 들면

① I wanted to do **something**. ⟨명사 역할⟩
② I wanted **something** to do. ⟨형용사 역할⟩

①의 to do는 타동사 wanted의 목적어로 쓰였지만, ②의 to do는 명사 something을 수식하고 something to do(할 어떤 것)가 동사 wanted의 목적어로 쓰였다. ②와 같이 to부정사가 명사를 수식하는 형용사 역할을 하는 것을 to부정사의 형용사적 용법이라고 한다. 형용사로 쓰이는 to부정사는 명사를 뒤에서 수식해서 '~하는, ~할'이란 뜻을 나타낸다.

to부정사가 앞의 명사를 수식하는 경우 to부정사와 명사와의 관계에서 전치사가 필요하면 써 주어야 한다.

I want            to sharpen a pencil with a pencil sharpener.
I want            to sharpen a pencil with **something**.
I want  **something**  to sharpen a pencil with       .

### 2 -thing+형용사+to부정사

형용사는 명사 앞에 붙어 명사를 수식하지만, -thing, -body, -one으로 끝나는 명사를 수식하는 경우에는 명사 뒤에서 수식한다.

Give me something *hot* to drink.
   hot something to drink(×)

I don't have anything *important* to tell you.
   important anything to tell you(×)

They have nothing *interesting* to read.
   interesting nothing to read(×)

# 문장 따라 말하기 연습

## STEP 1 기본 문장 따라 말하기 연습  mp3 24-2

다음 문장을 듣고, 입에 붙을 때까지 반복해서 소리 내어 따라 말해보세요.

1. **I have something to tell you.**
   나는 너한테 말할 게 있다.

2. **I have something very important to do.**
   나는 해야 할 아주 중요한 일이 있다.

3. **I need somebody to teach me English.**
1.   나는 나한테 영어를 가르쳐 줄 사람이 필요하다.

4. **I need somebody to take care of me.**
   나는 나를 돌봐 줄 사람이 필요하다.

> important: 중요한 / need ~: ~을 필요로 하다 / take care of ~: ~을 돌보다

## STEP 2 응용 문장 따라 말하기 연습 mp3 24-3

다음 문장을 듣고, 입에 붙을 때까지 반복해서 소리 내어 따라 말해보세요.

1. **I want something to sit on.**
   나는 앉을 게 필요하다.

2. **I want something to write with.**
   나는 쓸 것이 필요하다.

3. **I need something to open a can with.**
   나는 깡통을 딸 수 있는 게 필요하다.

4. **I need something to cut nails with.**
   나는 손톱을 깎을 수 있는 게 필요하다.

> can: 깡통, 캔 / something to open a can with: 깡통따개, 오프너=a can opener / nail(s): 손톱 / something to cut nails with: 손톱깎이=a nail clipper

# 묻기 · 대답하기 연습

해답 281쪽

**기본 문장** 묻기·대답하기 연습 🔊 mp3 24-4

다음의 문장을 이용해서 지시에 따라 문장을 만들고 대화 연습을 해 보세요.

---

## I have something to tell you.

---

1. 의문문으로 >>
2. 1.의 대답 >>
3. anything to show me? >>
4. 3.의 대답 >>
5. What? >>
6. 5.의 대답 >>

**응용 문장** 묻기·대답하기 연습 🔊 mp3 24-5

다음의 문장을 이용해서 지시에 따라 문장을 만들고 대화 연습을 해 보세요.

---

## I want something to sharpen a pencil with.

---

1. 의문문으로 >>
2. 1.의 대답 >>
3. anything to sharpen a knife with? >>
4. 3.의 대답 >>
5. What? >>
6. 5.의 대답 >>

## UNIT 25

S는 ~할 만큼 ~을 ~한다. / S는 ~할 정도로 ~다.
**S+V+O**(enough+명사+to부정사) /
**S+V**(be동사)**+C**(형용사+enough+to부정사)
He doesn't have enough money to build a house.

🔊 mp3 25-1

Bill's father has to work very hard.

He has a big family.

His apartment is too small for his family, and it is in a very noisy neighborhood.

He wants a more comfortable place to live.

He wants to buy a lot and build a house on it.

But, to do so, he will need a lot of money.

He isn't rich enough to buy a lot.

He doesn't have enough money to build a house.

But his family wants him to earn the money.

So he works very hard from morning till night.

### 본문 해석

빌의 아버지는 열심히 일해야 한다. / 그는 대가족이다. / 그가 사는 아파트는 너무 작고 시끄러운 동네에 있다. / 그는 좀 더 쾌적한 곳에 살고 싶어 한다. / 그는 부지를 사서 거기에 집을 짓고 싶어 한다. / 그런데, 그렇게 하려면 돈이 많이 필요할 것이다. / 그는 부지를 살 만큼 부유하지 않다. / 그는 집을 지을만한 돈이 없다. / 하지만, 그의 가족은 그가 그만한 돈을 벌어주길 바란다. / 그래서 그는 아침부터 밤까지 아주 열심히 일한다.

### 문장 형식 분석

| S | V | O(enough+명사+to부정사) |
|---|---|---|
| He | doesn't have | enough money to build a house. |

| S | V | C(형용사+enough to ~) |
|---|---|---|
| **He** | **isn't** | **rich enough to buy a lot.** |

## 문법 해설

### 1 enough to의 성격

enough to ~의 구조는 'enough+to부정사'이며 이 경우의 to부정사는 부사적 용법이지만, 'enough+명사+to ~'와 '형용사(부사)+enough+to ~'는 성격이 다르다.

| 명사 enough to ~ | 형용사(부사) enough to ~ |
|---|---|
| 명사를 수식하는 형용사 역할 | 형용사·부사를 수식하는 부사 역할 |

부사 enough를 수식하는 부사적 용법의 to부정사는 '~하기에, ~할 만큼, ~할 정도로'라는 뜻을 나타낸다.

He is tall enough to reach the ceiling.(그는 천장에 닿을 만큼 키가 크다.)

### 2 enough+명사+to ~와 명사+enough to ~

enough to ~가 명사를 수식하는 경우에는 양쪽 모두 가능하다.

He doesn't have enough *money* to buy a house. (○)
He doesn't have *money* enough to buy a house. (○)

'형용사+enough to ~'의 경우 enough는 형용사 앞에 쓸 수 없다.
He isn't enough rich to buy a house. (×)

### 3 be kind enough to ~

He was kind enough to ~는 '그는 친절하게도 ··해 주었다'라고 해석하는 것이 좋다.
be kind enough to ~를 명령문으로 쓰면 '~해 주세요(Please ~.)'라는 공손한 표현이 된다.

Be kind enough to help me. = Please help me.(좀 도와주세요.)

# 문장 따라 말하기 연습

### STEP 1  기본 문장 따라 말하기 연습  ◁) mp3 25-2
다음 문장을 듣고, 입에 붙을 때까지 반복해서 소리 내어 따라 말해보세요.

1. **I have enough money to buy a book.**
   나는 책을 살 만큼 돈이 있다.

2. **I have enough time to watch television.**
   나는 텔레비전을 볼 만큼 시간이 있다.

3. **They don't have enough money to buy a computer.**
   그들은 컴퓨터를 살만한 돈이 없다.

4. **He doesn't have enough time to go to the movies.**
   그는 영화 보러 갈 만한 시간이 없다.

### STEP 2  응용 문장 따라 말하기 연습  ◁) mp3 25-3
다음 문장을 듣고, 입에 붙을 때까지 반복해서 소리 내어 따라 말해보세요.

1. **The man is rich enough to buy an island.**
   그 남자는 섬을 살 수 있을 만큼 부자이다.

2. **The foreigner is tall enough to touch the ceiling.**
   그 외국인은 천장에 닿을 만큼 키가 크다.

3. **The children are old enough to go to school.**
   그 아이들은 학교에 가기에 충분한 나이이다.

4. **The boy was kind enough to carry my package.**
   그 소년은 친절하게도 내 짐을 옮겨 주었다.

> foreigner: 외국인 / tall: 키가 큰 / touch: 닿다 / ceiling: 천장 / children: 아이들 child〈단수〉 /
> kind: 친절한 / carry: 옮기다 / package: 짐

# 묻기·대답하기 연습

해답 281쪽

## 기본 문장 묻기·대답하기 연습

다음의 문장을 이용해서 지시에 따라 문장을 만들고 대화 연습을 해 보세요.

> **I have enough money to buy a book.**

1. 의문문으로 >>
2. 1.의 대답 >>
3. a bookstore? >>
4. 3.의 대답 >>
5. What, to buy? >>
6. 5.의 대답 >>

## 응용 문장 묻기·대답하기 연습

다음의 문장을 이용해서 지시에 따라 문장을 만들고 대화 연습을 해 보세요.

> **The boy was kind enough to carry my package.**

1. 의문문으로 >>
2. 1.의 대답 >>
3. to carry you on his back? >>
4. 3.의 대답 >>
5. How kind? >>
6. 5.의 대답 >>

UNIT 25 **S+V+O**(enough + 명사+to부정사) / **S+V**(be동사)**+C**(형용사+enough+to부정사)

# UNIT 26

S는 …하는 것을 ~한다

## S+V+O(동명사)

You can enjoy picking up sea shells on the beach.

◁≔ mp3 26-1

🎨 We are going to go to the seaside this weekend. Won't you come with us?
　　　　　　　　　　　　　　　　[siːsaid] 바닷가의

💬 Well, I'd like to, but I can't swim.
　　　[aid laik tu] ~하고 싶다 I want to ~와 공손한 표현

🎨 Swimming isn't the only thing to do at the seaside. You can enjoy picking up seashells on the beach.
　　[indʒɔi] ~을 즐기다　　　　　[siːʃelz] 조개　　　[biːtʃ] 해변

💬 I don't like picking up seashells. It's a girl's hobby.
　　　　　　　　　　　　　　　　　　　　　[hɑbi] 취미

🎨 You can enjoy sailing a yacht.
　　　　　　sail a yacht 요트를 조종하다

💬 I don't know how to sail a yacht.
　　　　　　～하는 방법

🎨 Then you can enjoy just bathing in the water.
　　　　　　　　　　　　　[beiðiŋ] ( bathe 목욕시키다, 담그다, 적시다.)

～ 본문 해석 ……………………………………………………………

A: 주말에 바닷가에 갈 거야. 우리하고 같이 안 갈래? / B: 가고는 싶은데, 수영을 못해서. / A: 바닷가에서 수영만 하는 것은 아니야. 조개를 주우며 놀 수도 있어. / B: 조개를 줍고 싶진 않아. 그건 여자애들이나 하는 일이지. / A: 요트를 타며 놀 수도 있어. / B: 요트를 조종하는 방법을 몰라. / A: 그럼 해수욕만 해도 재미있을 거야.

## 문장 형식 분석

　　　S　　　V　　　　　　　　　　O(동명사)
**You** | **can enjoy** | **picking up sea shells on the beach.**

〈O(동명사)의 구조〉　I pick up sea shells on the beach.
　　　　　　　　　　S　　V　　　O　　　　수식어

I enjoy + -ing　　~하는 것을 즐기다
I like + -ing　　　~하는 것을 좋아하다
I hate + -ing　　~하는 것을 매우 싫어하다

## 문법 해설

### 1 동명사(동사원형+-ing)

동명사는 문장에서 명사가 들어갈 위치에 동사를 쓰고자 할 때 동사원형에 -ing를 붙여 문장에서 명사 역할을 하게 하는 것이다. 동사의 성질을 가지면서 명사의 역할을 한다고 해서 동명사라고 하며 '~하는 것, ~하기'라는 뜻을 나타낸다.

like+swim ┌ I like to swim. 〈부정사〉
         └ I like swimming. 〈동명사〉

동명사가 be동사의 보어로 쓰이는 경우에는 진행형으로 쓰이는 -ing(현재분사)와 구별해야 한다. 'be동사+-ing'에서 주어가 사람이나 생물이면 -ing는 현재분사이고, 무생물이면 보어로 동명사이다.

He is painting picture.(그는 그림을 그리고 있다.)
〈그≠그림그리기; 진행형〉

His hobby is painting picture.(그의 취미는 그림을 그리는 것이다.)
〈그의 취미=그림그리기; 동명사〉

### 2 부정사와 동명사

동사가 문장의 목적어로 쓰이기 위해서는 명사 역할을 하는 동명사나 부정사 형태로 바꿔줘야 한다. 그런데 동사 중에는 부정사만을 목적어로 쓰거나 동명사만을 목적어로 쓰는 것이 있다.

1. 동명사만을 취하는 동사: stop, finish, enjoy, mind 등
   It stopped to rain. (×)
   It stopped raining. (○)

2. 부정사만을 취하는 동사: want, wish, hope, try 등
   I want to read this book. (○)
   I want reading this book. (×)

3. 동명사, 부정사 모두 취하는 동사: like, love, hate, begin, start 등
   이들 동사는 부정사와 동명사를 모두 취할 수 있고 의미에 차이가 없다.
   I like to read books. (○)
   I like reading books. (○)

4. 목적어로 동명사와 to부정사를 쓸 때 의미가 달라지는 동사:
   stop, forget, remember 등

   stop+to부정사: ~하기 위해 멈춰 서다
   stop+동명사: ~하는 것을 그만두다
   He stopped to smoke.(담배를 피우기 위해 멈춰 섰다.) 〈S+V+수식어(부정사); Unit 21〉
   He stopped smoking.(담배를 끊었다.)

   forget+to부정사: (미래에) ~할 것을 잊다
   forget+동명사: (과거에) ~한 것을 잊다
   I forget to go there.(거기 가는 것을 깜빡했다.)
   I forget going there.(거기 갔던 것을 깜빡했다.)

   remember+to부정사: (미래에) ~할 것을 기억하다
   remember+동명사: (과거에) ~한 것을 기억하다
   I remember to lock the door.(문 잠그는 것을 기억하고 있다.)
   I remember locking the door.(문 잠근 것을 기억하고 있다.)

※ 동명사를 쓸 때와 부정사를 쓸 때 의미에 다소 차이가 있다.
   I like to read a book.〈지금 책을 읽고 싶다. → 일시적〉
   I like reading books.〈독서를 좋아한다. → 습관적〉
   I like reading books, but I don't like to read a book now.
   (독서를 좋아하지만, 지금은 읽고 싶지 않다.)

## 문장 따라 말하기 연습

**기본 문장** 따라 말하기 **연습**  🔊 mp3 26-2

다음 문장을 듣고, 입에 붙을 때까지 반복해서 소리 내어 따라 말해보세요.

1. **You can enjoy taking pictures on the beach.**
   너는 바닷가에서 사진을 찍는 것을 즐길 수 있다.

2. **You can enjoy collecting sea shells on the seashore.**
   너는 해변에서 조개 줍는 것을 즐길 수 있다.

3. **They can enjoy watching a yacht race on television.**
   그들은 텔레비전에서 요트 경주 보는 것을 즐길 수 있다.

4. **She can enjoy picking up strawberries in the garden.**
   그녀는 정원에서 딸기 따는 것을 즐길 수 있다.

---

collecting〈collect(모으다) / seashore: 바닷가(=seaside) / strawberries〈 strawberry(딸기)의 복수 / garden: 뜰, 마당

---

**응용 문장** 따라 말하기 **연습**  🔊 mp3 26-3

다음 문장을 듣고, 입에 붙을 때까지 반복해서 소리 내어 따라 말해보세요.

1. **She likes taking the pictures of flowers.**
   그녀는 꽃 사진 찍는 것을 좋아한다.

2. **She loves going to the seaside in summer.**
   그녀는 여름에 바닷가에 가는 것을 아주 좋아한다.

3. **I hate being late for school.**
   나는 수업에 지각하는 것을 정말 싫어한다.

4. **I don't mind waiting for you.**
   나는 너를 기다리는 것을 신경 쓰지 않는다.

---

take a picture: 사진 찍다 / love(s): 매우 좋아하다 / hate: 매우 싫어하다 / mind: 신경 쓰다, 꺼리다 / wait for ~: ~을 기다리다

# UNIT 27

S는 ~하는 것이다
**S+V**(be동사)**+C**(동명사)

My hobby is collecting coins from all over the world.

🎧 mp3 27-1

- I hear you're going to Jeju Island this weekend. Is that true?
- Yes, it's true. I'm going to climb Mt. Halla.
- Who's going with you?
- Nobody's going with me. I'm going alone.
- Oh, that's terrible! Climbing a mountain is very dangerous.
- I don't think it is. Mountain climbing is a good sport.
- Yes, I know it is. but I mean, climbing a mountain alone in the late summer is very dangerous.

### 본문 해석

A: 이번 주말에 제주도에 간다고 하던데, 정말이니? / B: 그래, 사실이야. 한라산을 등반할 거야. / A: 누구하고 같이 가니? / B: 아무도 같이 안 가. 혼자 갈 거야. / A: 말도 안 돼, 산을 오르는 것은 매우 위험해. / B: 그렇지 않아. 등산은 훌륭한 운동이야. / A: 그래, 그건 알아. 하지만 내 말은 늦여름에 혼자 산을 오르는 것은 매우 위험하다는 거야.

## 문장 형식 분석

| S | V | C(동명사) |
|---|---|---|
| **My hobby** | **is** | **collecting coins from all over the world.** |

| S(동명사) | V | C(형용사) |
|---|---|---|
| **Climbing a mountain alone in the late summer** | **is** | **very dangerous.** |

♪ 'S+be동사+C(동명사)'는 S와 C를 바꿔 쓸 수 있다.

**My hobby is collecting coins.** (내 취미는 동전을 수집하는 것이다.)
  S      V        C

**Collecting coins is my hobby.** (동전을 수집하는 것이 내 취미이다.)
       S         V     C

## 문법 해설

### 1 동명사의 역할

동명사는 문장에서 명사가 쓰이는 자리에 동사를 쓰기 위한 방법이다. 비록 명사의 역할을 하지만, 동사의 성질을 그대로 가지고 있으므로 동명사 뒤에 목적어나 부사(구)가 따라 올 수 있다.

1. I climb a mountain alone. (나는 혼자 산을 오른다.)
2. climb a mountain alone(혼자서 산을 오르다)+-ing(~하는 것)
    → Climbing a mountain alone **is dangerous.** (혼자 산을 오르는 것은 위험하다.)

### 2 동명사가 주어일 때 be동사의 형태

동명사로 시작하는 말이 문장의 주어인 경우 be동사는 항상 단수형을 쓴다.
*Climbing a mountain alone in the late summer* is **very dangerous.**
*Collecting coins* is **my hobby.**
Going to the movies are very bad.(×)

### 3 동명사와 현재분사

동명사와 현재분사는 '동사원형-ing'로 형태가 같다. 동명사는 명사 역할(~하는 것)을 하므로 문장에서 주어·목적어·보어 자리에 쓰이며, 현재분사는 형용사 역할(~하고 있는)을 하며, 동사 자리에 쓰인다.

**My brother is** collecting **stamps.** 〈현재분사; 진행형(주어≠보어)〉
(우리 형은 우표를 모으는 중이다.)

**My hobby is** collecting **stamps.** 〈동명사; 주격 보어(주어=보어)〉
(내 취미는 우표를 수집하는 것이다.)

# 문장 따라 말하기 연습

## STEP 1 기본 문장 따라 말하기 연습 🎵 mp3 27-2

다음 문장을 듣고, 입에 붙을 때까지 반복해서 소리 내어 따라 말해보세요.

1. **Speaking English is very difficult.**
   영어를 말하는 것은 매우 어렵다.

2. **Learning a foreign language is very difficult.**
   외국어를 배우는 것은 매우 어렵다.

3. **Swimming in a river is very dangerous.**
   강에서 수영하는 것은 매우 위험하다.

4. **Going to the movies too often is very bad.**
   지나치게 자주 영화 보러 가는 것은 매우 좋지 않다.

language: 언어, 말 / too often: 너무 (자주) ~하다

## STEP 2 응용 문장 따라 말하기 연습 🎵 mp3 27-3

다음 문장을 듣고, 입에 붙을 때까지 반복해서 소리 내어 따라 말해보세요.

1. **My hobby is collecting foreign stamps.**
   내 취미는 외국 우표를 모으는 것이다.

2. **My hobby is collecting coins from all over the world.**
   내 취미는 전 세계의 동전을 모으는 것이다.

3. **Collecting foreign stamps is my hobby.**
   외국 우표를 모으는 것이 내 취미이다.

4. **Collecting coins from all over the world is my hobby.**
   전 세계의 동전을 모으는 것이 내 취미이다.

hobby: 취미 / collect: 모으다 / stamp(s): 우표 / coin(s): 동전 / from all over the world: 전 세계의

## 묻기 · 대답하기 연습

해답 282쪽

 **기본 문장 묻기·대답하기 연습**

다음의 문장을 이용해서 지시에 따라 문장을 만들고 대화 연습을 해 보세요.

> **My hobby is collecting coins from all over the world.**

1. 의문문으로 >>
2. 1.의 대답 >>
3. collecting stamps? >>
4. 3.의 대답 >>
5. What? >>
6. 5.의 대답 >>

 **응용 문장 묻기·대답하기 연습**

다음의 문장을 이용해서 지시에 따라 문장을 만들고 대화 연습을 해 보세요.

> **I think climbing a mountain alone is very dangerous.**

1. 의문문으로 >>
2. 1.의 대답 >>
3. very safe? >>
4. 3.의 대답 >>
5. What do you think of? >>
6. 5.의 대답 >>

# UNIT 28 '전치사+동명사'가 쓰인 형식

## I'm thinking of staying home.

🎧 mp3 28-1

- We are going to have a long weekend coming up.
  [wi:kend] 연휴    다가오는
- Yes, we are! I'm very glad to have it.
- What are you thinking of doing?
  think of ~: ~하려고 생각하다
- Well, I'm thinking of staying home.
- What's the idea of staying home at a time like this? Everybody's
  [aidi:ə] 생각                                          이와 같은
  planning to go on a vacation trip.
  [plǽniŋ] plan 계획하다    [veikéiʃən] 휴가   [trip] go on a trip 여행 가다
- Yes, I know. It's a matter of choice. They're fond of vacationing,
  [mǽtər] 일, 문제    [tʃɔis] 선택, 기호    [fand] be fond of ~ ~를 좋아하다
  but I'm fond of reading. So I'll stay home and finish this book.

📖 본문 해석
A: 연휴가 다가오네. / B: 그래! 연휴라서 정말 좋아. / A: 무슨 계획하는 일이 있어? / B: 저, 그냥 집에 있으려고. / A: 이런 연휴에 집에 있을 셈이라고? 모두들 휴가를 가려고 하는데. / B: 알아. 그건 기호의 문제지. 그들은 여행을 좋아하지만, 난 독서가 좋아. 그래서 집에서 이 책을 다 읽을 거야.

## 문장 형식 분석

| S | V | C(형용사) |
|---|---|---|
| I | am thinking of | staying home. |

♪ think of ~는 'think(자동사)+of(전치사)'를 하나의 동사(타동사)로 생각한다.

〈예〉 look at / listen to / wait for 등

```
   C    V              S(명사+전치사+동명사)
 What   is   the idea of staying home at a time like this?
```

the idea   of   staying home at a time like this

↳ What's the idea of -ing?는 '(~ 하다니) 대체 어쩔 셈인가?'라는 불만을 나타낸다.

```
 S    V      C(형용사)
 I    am    fond of reading.
```

↳ 우리말식으로 am fond of를 동사로 보고 동명사 reading을 목적어로 생각하는 것이 편하겠지만, fond는 형용사이므로 'S+V+C(형용사) ⟨Unit 4⟩' 형식이 된다.

## 문법 해설

### 1 동명사의 용법; 전치사+동명사(전치사의 목적어)

전치사는 '명사 앞에 붙는 말'이므로 전치사 다음에는 반드시 명사를 써야 한다. 따라서 전치사의 목적어로 동사를 쓰고자 할 때는 반드시 동명사를 써야 하며 부정사는 쓸 수 없다.

I am thinking of *stay* home. (×)
I am thinking of *to stay* home. (×)

### 2 '전치사+동명사'가 쓰이는 형식

동명사는 문장에서 동사나 전치사의 목적어로 쓰일 때가 가장 많다. '전치사+동명사'는 다음과 같은 형식으로 쓰일 때가 많다.

1. She is good at swimming.(수영을 잘 한다.)
   He is poor at speaking English(영어를 말하는 것이 서툴다.)
2. He is tired with walking.(걷기에 지쳤다.)
   He is tired of sleeping.(자는 것에 질렸다.)
3. He succeeded in passing the examination.(시험을 통과하는 것에 성공했다.)
   He failed in getting a job.(일자리를 얻는 일에 실패했다.)

4. You must keep from eating too much.(과식하는 것을 피해야 한다.)
   ※ keep from –ing(~하지 못하게 하다)

5. This raincoat kept me from getting wet.(이 우비 덕분에 비를 맞지 않았다.)
   ※ keep+O+from –ing((O가) ~하지 못하게 하다)

6. He went away without saying "Goodbye".(작별 인사도 없이 가버렸다.)
   He left home without eating breakfast.(아침도 먹지 않고 외출했다.)

7. I brush my teeth before going to bed.(자기 전에 이를 닦는다.)
   I always watch television after finishing my homework.
   (숙제를 하고 나서 텔레비전을 본다.)

※ 동명사의 용법

| 주어 | 동명사+is+ ~ | Walking is good for health. |
|---|---|---|
| 보어 | S+is+동명사 | One of my habit is listening to music. |
| 목적어 | S+동사+동명사<br>전치사+동명사 | I enjoyed talking with her yesterday.<br>Tom is used to eating Korean food. |

## 문장 따라 말하기 연습

 기본 문장 따라 말하기 연습 　　　　　🔊 mp3 28-2

다음 문장을 듣고, 입에 붙을 때까지 반복해서 소리 내어 따라 말해보세요.

1. **I'm thinking of going on a picnic tomorrow.**
   내일 나는 피크닉을 가려고 한다.

2. **I'm thinking of going driving all around Canada.**
   나는 캐나다 이곳저곳을 드라이브 하려고 한다.

3. **What's the idea of staying home on such a nice day?**
   이렇게 화창한 날에 집에 있을 셈인가요?

4. **What's the idea of going out in such weather?**
   이런 궂은 날씨에 외출할 셈인가요?

> go on a picnic: 피크닉 가다 / go driving: 드라이브 가다 / all around: 이곳저곳 / in such weather: 이런 (나쁜) 날씨에

 응용 문장 따라 말하기 연습 　　　　　🔊 mp3 28-3

다음 문장을 듣고, 입에 붙을 때까지 반복해서 소리 내어 따라 말해보세요.

1. **I'm fond of reading comic books.**
   나는 만화책 읽는 것을 좋아한다.

2. **I'm afraid of speaking English to a foreigner.**
   나는 외국인에게 영어로 말을 거는 것이 두렵다.

3. **I'm proud of making a speech at the speech contest.**
   나는 웅변대회에서 연설하는 것이 자랑스럽다.

> comic books: 만화책 / be afraid of ~: ~을 두려워하다 / be proud of ~: ~을 자랑스럽게 여기다 / make a speech: 연설하다 / speech contest: 웅변대회

UNIT 28 '전치사+동명사'가 쓰인 형식

# UNIT 29

S는 …을 ~라 부른다
## S+V(call)+O+C(명사)
We call it an air conditioner.

🎵 mp3 29-1

A: an American / B: a Korean

- Do you have an air conditioner in your house?
- I don't know the meaning of the word air conditioner.
- Well, it's a machine to cool the air of a room with.
- Do you mean an aircon?
- Do Korean people call it an "aircon"?
- Yes, we do. What do you call it?
- We call it an air conditioner.
- How do you spell it?
- We spell it A-I-R C-O-N-D-I-T-I-O-N-E-R.
- Oh, that's a difficult spelling, isn't it?
- Yes, it is. But the word "aircon" is Korean-made, I think.

### 본문 해석

A: 집에 에어컨디셔너가 있어? / B: 에어컨디셔너가 무슨 말인지 모르겠어. / A: 그러니까, 방을 시원하게 하는 기계야. / B: 에어컨 말하는 거니? / A: 한국 사람들은 그걸 에어컨이라고 하니? / B: 그래. 너희들은 그걸 뭐라고 부르니? / A: 에어컨디셔너라고 해. / B: 철자를 어떻게 쓰니? / A: A-I-R C-O-N-D-I-T-I-O-N-E-R라고 써. / B: 아, 스펠링이 어렵구나. / A: 그래. 그래도 에어컨이란 말은 콩글리시인 것 같아.

## 문장 형식 분석

| S | V | O | C(명사) |
|---|---|---|---|
| We | call | it | an air conditioner. |

↳ 의문문: What do you call it?(그것을 뭐라고 부릅니까?) 〈what은 보어〉

| S | V | O | C(명사) |
|---|---|---|---|
| We | spell | it | A-I-R C-O-N-D-I-T-I-O-N-E-R. |

↪ 의문문: How do you spell it?(그것을 어떻게 씁니까?) 〈How는 보어〉

## 문법 해설

### 1 목적격보어

'S+V+C(2형식)' 문장에서는 주어를 보충 설명해주는 주격보어가 쓰였다면, 'S+V+O+C(5형식)' 문장에는 목적어를 보충 설명하는 목적격보어가 쓰인다. 목적격보어는 목적어 바로 뒤에 쓰여 목적어와 동격으로 쓰이거나 목적어를 설명해 준다. 즉 목적어와 목적격보어의 관계는 주어와 술어의 관계이다.

### 2 It's a machine to cool the air of a room with.

a machine ← to cool the air of a room with

to부정사의 형용사적 용법 〈Unit 24〉

### 3 That's a difficult spelling, isn't it?

부가의문문: That is ~, isn't it? 〈Unit 32〉

### 4 What do you call it?과 How do you spell it?에서 의문사가 다른 이유?

We call it ~. 형식에서는 목적어 다음에 있는 보어가 명사이므로 의문사로 What?을 쓰지만, We spell(pronounce) it ~. 형식에서는 보어가 방법을 나타내는 수식어(부사)이다. 따라서 의문사로 What?이 아닌 How?를 쓰는 것이다.

〈비교〉

① She pronounces the English word [məʃi:n].(그녀는 그 단어를 [məʃi:n]로 발음한다.)
   S     V            O             C

② She pronounces the English word funnily.(그녀는 그 단어를 이상하게 발음한다.)
   S     V              O      수식어

①은 [məʃi:n]이 목적격보어(명사)이므로 문장의 구성요소이지만, ②의 funnily는 단순히 부사이므로 문장 형식은 'S+V+O 〈Unit 8〉'이다.
How does she pronounce the English word?의 대답은 ① 또는 ②로 할 수 있다.

## 문장 따라 말하기 연습

### STEP 1  기본 문장 따라 말하기 연습
🔊 mp3 29-2

다음 문장을 듣고, 입에 붙을 때까지 반복해서 소리 내어 따라 말해보세요.

1. **What do you call a rear-view mirror in Korean?**
   한국어로 rear-view mirror를 뭐라고 하나요?

2. **We call it a "back mirror" in Korean.**
   한국어로 백미러라고 해요.

3. **What do you call a cellular phone in Korean?**
   한국어로 cellular phone를 뭐라고 합니까?

4. **We call it a "hand phone" in Korean.**
   핸드폰이라고 해요.

---

rear-view mirror: 자동차의 백미러 / cellular phone: 휴대전화

---

### STEP 2  응용 문장 따라 말하기 연습
🔊 mp3 29-3

다음 문장을 듣고, 입에 붙을 때까지 반복해서 소리 내어 따라 말해보세요.

1. **How do you spell the word [wímin]?**
   [wímin]을 어떻게 쓰죠?

2. **We spell it W-O-M-E-N.**
   W-O-M-E-N이라고 써요.

3. **How do you pronounce the word M-A-C-H-I-N-E?**
   M-A-C-H-I-N-E을 어떻게 발음하나요?

4. **We pronounce it [məʃiːn].**
   [məʃiːn]으로 발음해요.

---

women〈woman(여성; 단수) / machine: 기계 / pronounce: 발음하다〈pronunciation(발음)

# 묻기 · 대답하기 연습

해답 282쪽

### 기본 문장 묻기·대답하기 연습
🔊 mp3 29-4

다음의 문장을 이용해서 지시에 따라 문장을 만들고 대화 연습을 해 보세요.

> **American people call the machine an air conditioner.**

1. 의문문으로 >>
2. 1.의 대답 >>
3. an aircon? >>
4. 3.의 대답 >>
5. What? >>
6. 5.의 대답 >>

### 응용 문장 묻기·대답하기 연습
🔊 mp3 29-5

다음의 문장을 이용해서 지시에 따라 문장을 만들고 대화 연습을 해 보세요.

> **He pronounces his name [læʃ].**

1. 의문문으로 >>
2. 1.의 대답 >>
3. [lʌʃ]? >>
4. 3.의 대답 >>
5. How? >>
6. 5.의 대답 yy

# UNIT 30

…를 ~한 상태로 유지하다
**S+V**(keep)**+O+C**(형용사)
Keep your room clean and tidy all the time.

🔊 mp3 30-1

A: a father / B: his daughter

- I'd like you to be more independent.
  [indipéndənt] 남에게 의존하지 않는
- What do you mean by that?
- I mean I'd like you to do more things by yourself.
  혼자 도움을 받지 않고
- Do I have to wash my socks and shirts, then?
- Yes, of course, you do.
- What else do I have to do?
  [els] 그밖에
- Keep your room clean and tidy all the time.
  [táidi] 깔끔한, 잘 정돈된    항상 언제나
- Oh, that's always hard for me. I need your help.
- No, I won't help you any more. Try to do it yourself. I hope you'll soon break your habit of leaving your room dirty and untidy.
  [breik] 그만두다, 깨다  [hǽbit] 습관  [líːviŋ] (leave)~한 상태로 내버려두다)  [də́ːrti] 더러운  [ʌntáidi] 깔끔하지 못한

## 본문 해석

A: 네가 이젠 남한테 의존하지 않았으면 좋겠어. / B: 무슨 말씀이세요? / A: 혼자서 더 많은 일들을 하라는 말이야. / B: 그럼, 제가 양말, 셔츠도 빨아야 해요? / A: 물론이지. / B: 또 어떤 일을 해야 하죠? / A: 항상 방을 말끔하게 정리해 놔. / B: 아, 너무 힘든 일인데요. 어머니가 도와주세요. / A: 아니. 더 이상은 안 도와줄 거야. 혼자서 해 봐. 방을 더럽고 어수선하게 두는 습관은 빨리 버리길 바라.

## 문장 형식 분석

| | S | V | O | C(형용사) | 수식어(시간) |
|---|---|---|---|---|---|
| 명령문 | | **Keep** | **your room** | **clean and tidy** | **all the time.** |

- S+V(leave)+O+C(형용사)   …를 ~한 상태로 내버려두다
- S+V(make)+O+C(형용사)    …를 ~하게 하다

PART 2 문장의 5형식 활용 연습

|  S  |  V  |  O  | 수식어(전치사+동명사) |
|---|---|---|---|
| **We** | **use** | **a heater** | **for keeping a room warm.** |

$$\underline{\text{keeping a room warm}}$$
$$\;\;\;\;\text{S}\qquad\;\;\text{V}\qquad\text{O}\qquad\text{C}$$

♪ 'S+V+O+C'의 주어가 생략되어 동사를 동명사로 바꿔 전치사에 연결한 것.

## 문법 해설

### 1 'S+V+O+C' 형식에 쓰이는 동사 keep, leave, make의 의미

① keep: 마땅히 그래야 하는 상태로 유지해 두는 경우
② leave: 그렇지 않아야 할 상태로 방치하는 경우
③ make: 의지에 반하게 또는 강제적으로 어떤 상태로 하는 경우

### 2 I'd like you to ~

① I'd like to ~ = I want to ~의 공손한 표현 〈Unit 12〉
② I'd like you to ~ = I want you to ~의 공손한 표현 〈Unit 15〉

I'd의 'd는 would(will의 과거형)의 축약형이므로 의문문이나 그 대답은 다음과 같이 된다.

Would you like me to do everything by myself?
-- Yes, I would. / No, I wouldn't.

### 3 'S+V+O+C' 형식의 keep, leave와 'S+V+O' 형식의 keep, leave

〈비교〉

He keeps a dog. (개를 기르고 있다; S+V+O)
He keeps a dog free. (개를 풀어놓다; S+V+O+C)

He left the room. (방을 나갔다; S+V+O)
He left the room dark. (방을 어둡게 해놓았다; S+V+O+C)

### 4 'S+V+O+C(명사)'에 쓰이는 make

make는 목적격보어로 명사를 써서 'S+V+O+C(명사)' 형식으로도 쓸 수 있고 '…을 ~이 되게 하다'라는 뜻을 나타낸다.

**We** made him *captain of our team*.(우리는 그를 우리 팀의 주장으로 삼았다.)

### 5 'S+V+O+C(명사)'와 'S+V+O+O'의 구별

5형식문장(S+V+O+C)의 목적격보어가 명사인 경우 4형식문장(S+V+O+O)과 혼동하기 쉽다. 5형식문장에서는 O=C의 관계에 있고, 4형식문장에서는 $O^1 \neq O^2$인 점으로 구별할 수 있다.

**They will make** *him* a doctor. <S+V+O+C; O=C>
(그들은 그를 의사로 만들 생각이다.)

**They will make** *him* a new coat. <S+V+O+O; $O^1 \neq O^2$>
(그들은 그에게 새 코트를 만들어 줄 생각이다.)

## 문장 따라 말하기 연습

### STEP 1  기본 문장 따라 말하기 연습
🔊 mp3 30-2

다음 문장을 듣고, 입에 붙을 때까지 반복해서 소리 내어 따라 말해보세요.

1. **You must keep your hands clean.**
   손을 청결하게 해야 한다.

2. **You must keep your clothes tidy.**
   옷을 단정히 입어야 한다.

3. **You must not leave your hands dirty.**
   손을 더럽게 하고 있어서는 안 된다.

4. **You must not leave the door open.**
   문을 열어 두면 안 된다.

> clothes: 의복. 발음은 [klouz]라고 해도 된다.

### STEP 2  응용 문장 따라 말하기 연습
🔊 mp3 30-3

다음 문장을 듣고, 입에 붙을 때까지 반복해서 소리 내어 따라 말해보세요.

1. **My homework kept me busy all day long.**
   숙제를 하느라 온종일 바빴다.

2. **We use a heater for keeping a room warm.**
   방의 보온을 유지하는데 난방기를 사용한다.

3. **You'll make your parents happy.**
   너는 부모님을 기쁘게 해 드려야 할 것이다.

4. **His sudden death made his mother unhappy.**
   그의 갑작스런 죽음은 그의 어머니를 슬프게 했다.

> busy: 바쁜 / all day long: 하루 종일 / heater: 난방기, 히터 / warm: 따뜻한 / make: …를 ~하게 하다 / sudden: 돌연한, 갑작스러운 / death: 죽음 〈 die(죽다)

UNIT 30 **S+V**(keep)**+O+C**(형용사)

# UNIT 31

S는 ~처럼 보인다
**S+V**(look)**+C**(형용사)
You look very much like your mother.

🎧 mp3 31-1

🗨 **You look very much like your mother.** Doesn't everybody say so?
[luk] look like ~을 닮다

🗨 Yes, they do. They say, "You're getting to be more and more like your mother." I feel very happy when I hear that.
get to ~하게 되다   더욱더, 갈수록 더
[fi:l] (특정한 감정이나 기분이) 들다, 느끼다

🗨 Why?

🗨 Because I love her very much and **I want to become a woman like her in the future.**
[bikʌdm] ~이 되다   [wúmən] 여성
[fjúːtʃər] 미래에

🗨 How old is she, by the way?

🗨 She is just sixty.

🗨 Is she that old? She really looks very young for her age.
그렇게=so   [eidʒ] 그녀 나이에 비해서는

〰️ 본문 해석 ・・・・・・・・・・・・・・・・・・・・・・・・・・・・・・・・・・・・・・・・・・・・・・・・・・・・・・・・・・・・・・・・・・・

A: 너 어머니를 똑 닮았어. 사람들이 그렇게 말하지 않니? / B: 그래, '넌 갈수록 어머니를 닮아가는구나.'라고 해. 그런 말을 들으면 정말 기분 좋아. / A: 왜? / B: 어머니를 정말 사랑하고 앞으로 어머니 같은 여자가 되고 싶으니까. / A: 그런데 어머니는 연세가 어떻게 돼? / B: 60살이셔. / A: 그렇게나 연세를 드셨어? 연세보다는 훨씬 젊어 보여.

## 문장 형식 분석

| S | V | (수식어) | C(형용사) |
|---|---|---|---|
| **You** | **look** | **(very much)** | **like your mother.** |

〈기본 문장〉 <u>She</u> <u>looks</u> <u>young</u>.
　　　　　　 S　　V　　C(형용사)

↪ like your mother는 '~와 비슷한'이라는 의미의 일종의 형용사이다.

PART 2 문장의 5형식 활용 연습

```
  S       V                    O(to부정사)
  I    want   to become a woman like her in the future.
              ─────────────────────────────────────────
              to become   a woman like her   in the future
                  V             C                수식어
```

## 문법 해설

### 1 'S+V+C' 형식에 쓰이는 be동사 이외의 동사

동사만으로 주어에 대한 설명이 부족해서 주어의 동작이나 상태를 설명하는 주격보어를 필요로 하는 동사를 불완전자동사라고 한다. be동사 이외의 이 형식에 쓰이는 동사는 다음과 같은 것들이 있다.

| 외견을 나타내는 동사 | appear, look(seem) | ~하게 보이다(~인 것 같다) |
|---|---|---|
| 상태를 나타내는 동사 | keep, stay, remain | 계속 ~인 채로 있다 |
| 변화를 나타내는 동사 | become, get(grow/turn) | ~가 되다/~하게 변하다 |
| 감각을 나타내는 동사 | feel(smell/taste/sound) | ~느낌이 들다(~냄새가 나다/~맛이 나다/~하게 들리다) |

Bob looks *tired* today.(밥은 오늘 피곤해 보인다.)
Jane kept *silence* for a long time.(제인은 오랫동안 말없이 있었다.)
He seems very *happy* about the news.(그는 그 소식을 듣고 매우 행복해 보인다.)
We got *angry* at his word.(우리는 그의 말에 화가 났다.)
The story didn't sound *true*.(그 얘기는 사실처럼 들리지 않았다.)

### 2 will become ~ = will be ~ / want to become ~ = want to be ~

He will become a good teacher. = He will be a good teacher.
He wants to become a good teacher. = He wants to be a good teacher.

### 3 come to(get to) ~(~하게 되다)의 용법

She will come to like him.(그녀는 그를 좋아하게 될 것이다.)
become은 보어로 명사나 형용사를 쓸 수 있지만, 부정사는 쓸 수 없다.
She will become *to like* him. (×)

# 문장 따라 말하기 연습

### STEP 1 기본 문장 따라 말하기 연습  ◁┇ mp3 31-2

다음 문장을 듣고, 입에 붙을 때까지 반복해서 소리 내어 따라 말해보세요.

1. **He will become a good teacher.**
   그는 좋은 선생님이 될 것이다.

2. **She is becoming much prettier than before.**
   그녀는 점점 더 예뻐지고 있다.

3. **He is getting much better than yesterday.**
   그는 어제보다 더 좋아지고 있다.

4. **It is growing hotter and hotter day after day.**
   날씨가 날마다 날이 더워지고 있다.

> prettier〈pretty(예쁜) 비교급을 강조할 때는 very가 아니라 much를 쓴다. / get better: (건강이) 좋아지다 / hotter and hotter: 점점 더 더운. '비교급 and 비교급'은 '점점 더 ~' / day after day: 날마다

### STEP 2 응용 문장 따라 말하기 연습  ◁┇ mp3 31-3

다음 문장을 듣고, 입에 붙을 때까지 반복해서 소리 내어 따라 말해보세요.

1. **The boy looks like a monkey.**
   그 아이는 원숭이처럼 생겼다.

2. **She looks much younger than her age.**
   그녀는 나이보다 훨씬 어려 보인다.

3. **He seems very tired today.**
   그는 오늘 매우 피곤한 것 같다.

4. **I feel very sorry for him.**
   나는 그를 정말 딱하게 생각한다.

> monkey: 원숭이 / seem(s): ~인 것 같다 / tired: 피곤한 / feel sorry for ~: ~를 딱하게 여기다

# 묻기·대답하기 연습

해답 282쪽

### STEP 1 기본 문장 묻기·대답하기 연습

다음의 문장을 이용해서 지시에 따라 문장을 만들고 대화 연습을 해 보세요.

> **You look very much like your mother.**

1. 의문문으로 >>
2. 1.의 대답 >>
3. like my father? >>
4. 3.의 대답 >>
5. Who ~ like? >>
6. 5.의 대답 >>

### STEP 2 응용 문장 묻기·대답하기 연습

다음의 문장을 이용해서 지시에 따라 문장을 만들고 대화 연습을 해 보세요.

> **She wants to become a pretty woman.**

1. 의문문으로 >>
2. 1.의 대답 >>
3. a strong woman? >>
4. 3.의 대답 >>
5. What sort of woman? >>
6. 5.의 대답 >>

# UNIT 32

~이지, 그렇지 않아?
## 부가의문문; 긍정문+부정의문문
This is a new camera, isn't it?

🔊 mp3 32-1

- This is a new camera, isn't it?
- Yes, it is. I just bought it a couple of days ago.
  [bɔːt] buy(사다)의 과거형  [kʌpl] 2, 3일 전 a couple of ~(한 쌍의 ~, 둘의 ~)
- But you had another camera, didn't you?
- Yes, I did. But I gave it to my brother.
- How old is your brother, by the way?
  그런데
- He is thirteen years old.
- Using a camera is too difficult for such a little boy, isn't it?
  [tuː] 너무나
- No, I don't think it is.
- Why?
- Because that one was a digital camera.
  [dídʒətl] 디지털의

### 본문 해석

A: 이거 새 카메라지? / B: 그래. 2, 3일 전에 산 거야. / A: 그런데 너 다른 카메라가 있었지? / B: 그래. 하지만 그건 동생한테 주었어. / A: 그런데 동생은 몇 살이니? / B: 13살이야. / A: 그런 어린 아이가 카메라를 쓰는 것은 너무 어렵잖아, 그렇지 않니? / B: 그럴 것 같지 않아. / A: 왜? / B: 그건 디지털카메라였어.

## 문장 형식 분석

| S | V | C | + | V | S |
|---|---|---|---|---|---|
| This | is | a new camera, |  | isn't | it? |
|  |  | 긍정문 |  | 부정의문문 |  |

| S | V | C(형용사) | 수식어 | + | V | S |
|---|---|---|---|---|---|---|
| Using a camera | is | too difficult | for ~, |  | isn't | it? |

## 문법 해설

### 1 부가의문문

부가의문문은 자기가 한 말에 대해 상대방에게 확인하거나 동의를 구할 때 쓴다. 앞 문장이 긍정이면 부가의문은 부정으로, 앞 문장이 부정이면 부가의문은 긍정으로 한다. 부정 부가의문은 반드시 isn't /aren't와 같은 축약형을 쓴다.

Tom is a student. + Isn't he (a student)?
긍정문             부정의문문

부가의문문의 주어로는 반드시 대명사를 써야 한다.

Tom is a student, isn't he?
대명사로 바꾼다.

부가의문문은 상대방의 동의를 구할 때는 끝을 내려 발음하고, 몰라서 확인하는 경우에는 끝을 올려 발음한다. 이 구별은 원칙적인 것으로 실제 회화에서는 그다지 의미의 차이는 없다.

You are a student, aren't you? 〈동의를 구할 때〉

You are a student, aren't you? 〈몰라서 확인할 때〉

### 2 부가의문문의 형태

| | | |
|---|---|---|
| be동사 | You are ~, aren't you?<br>You were ~, weren't you? | He is ~, isn't he?<br>He was ~, wasn't he? |
| 일반 동사 | You like ~, don't you?<br>You bought ~, didn't you? | He likes ~, doesn't he?<br>He bought ~, didn't he? |
| 조동사 | You can ~, can't you?<br>You must ~, mustn't you?<br>You will ~, won't you?<br>He has to ~, doesn't he?<br>You'll be able to ~, won't you? | You could ~, couldn't you?<br>You should ~, shouldn't you?<br>You have to ~, don't you?<br>You'll have to ~, won't you? |

### 3 There is ~. 구문의 부가의문문

1. 현재시제      There is(are) ~, isn't(aren't) there?
2. 과거시제      There was(were)~, wasn't(weren't) there?
3. 미래시제      There will be~, won't there?
4. be going to   There is(are) going to be~, isn't(aren't) there?

There's somebody at the door, isn't there?
There was a P.T.A. meeting at your school yesterday, wasn't there?
There will be a P.T.A. meeting at your school tomorrow, won't there?
There's going to be a test in English tomorrow, isn't there?

### 4 'S(동명사)+V+(~)'의 부가의문문

앞에 있는 평서문의 주어가 동명사일 때는 부가의문으로 isn't it?을 쓴다.
Collecting coins is your hobby, isn't it?
Watching television for many hours is very bad, isn't it?

### 5 '주절+종속절'의 부가의문문

주절과 종속절로 이루어진 문장인 경우에는 주절의 주어·동사를 이용해서 부가의문을 만든다.

① There's going to be a test tomorrow.
② You know it.

②+①: You know there's going to be a test tomorrow.
      주절              종속절

→ You know there's going to be a test tomorrow, don't you?

## 문장 따라 말하기 연습

### STEP 1 기본 문장 따라 말하기 연습 🔊 mp3 32-2

다음 문장을 듣고, 입에 붙을 때까지 반복해서 소리 내어 따라 말해보세요.

1. **You are a junior high student, aren't you?**
   중학생이죠?

2. **He likes watching television, doesn't he?**
   그는 텔레비전 보는 것을 좋아하죠?

3. **They bought a new camera, didn't they?**
   그들은 새 카메라를 샀지요?

4. **You can speak English, can't you?**
   영어를 할 수 있죠?

5. **She has to learn English, doesn't she?**
   그녀는 영어를 배워야 하지요?

6. **You will be able to speak English, won't you?**
   영어를 할 수 있겠지요?

### STEP 2 응용 문장 따라 말하기 연습 🔊 mp3 32-3

다음 문장을 듣고, 입에 붙을 때까지 반복해서 소리 내어 따라 말해보세요.

1. **Speaking English is difficult for you, isn't it?**
   영어를 말하는 것은 어렵죠?

2. **Learning a foreign language is easy for young people, isn't it?**
   젊은 사람이 외국어를 배우는 것은 쉽죠?

# UNIT 33

~아니지, 그렇지?
## 부가의문문; 부정문+긍정의문문
They can't speak Korean very well, can they?

🔊 mp3 33-1

- There are many Korean-Americans in America.
- What language do they speak?
- They speak English as their native language.
- Korean-Americans in America speak Korean, don't they?
- Yes, they do. They sometimes speak Korean, but most of the young people don't have enough knowledge of Korean.
- Then the young people can't speak Korean very well, can they?
- No, they can't. Most of them have difficulty in speaking Korean.

### 본문 해석

A: 미국에는 한국계 미국인이 많아. / B: 그들은 어떤 언어를 쓰니? / A: 모국어로 영어를 써. / B: 미국에 사는 한국계 미국인은 한국어를 쓰지? / A: 그래, 가끔 한국어를 쓰지만, 젊은이들 대부분은 한국어를 잘 몰라. / B: 그럼 젊은이들은 한국어를 잘 못하지? / A: 그래, 그들 대부분은 한국어를 하는데 어려움이 있어.

## 문장 형식 분석

| S | V | C | 수식어 | | V | S |
|---|---|---|---|---|---|---|
| The young people | can't speak | Korean | very well, | + | can | they? |
| | | 부정문 | | | 긍정의문문 | |

## 문법 해설

### 1 부가의문문: '부정문+긍정의문문'의 형태

| be동사 | You aren't ~, are you?<br>You weren't ~, were you? | He isn't ~, is he?<br>He wasn't ~, was he? |
|---|---|---|
| 일반 동사 | You don't speak ~, do you?<br>You didn't write ~, did you? | He doesn't speak ~, does he?<br>He didn't write ~, did he? |
| 조동사 | You can't ~, can you?<br>You mustn't ~, must you?<br>You won't ~, will you?<br>He doesn't have to ~, does he?<br>You won't be able to ~, will you? | You couldn't ~, could you?<br>You shouldn't ~, should you?<br>You don't have to ~, do you?<br>You won't have to ~, will you? |

### 2 부가의문문에 대한 대답

부가의문문에는 Yes/No로 대답한다. 부정의문문의 경우와 같이 긍정의 대답에는 Yes, 부정의 대답에는 No로 대답한다.

**They don't speak Korean, do they?**(그들은 한국어를 못 하지?)
**Yes, they do.**(할 줄 알아.)
**No, they don't.**(못 해.)

# 문장 따라 말하기 연습

### STEP 1  기본 문장 따라 말하기 연습
🎧 mp3 33-2

다음 문장을 듣고, 입에 붙을 때까지 반복해서 소리 내어 따라 말해보세요.

1. **You're not a college student, are you?**
   당신은 대학생이 아니죠?

2. **Tom isn't a college student, is he?**
   톰은 대학생이 아니죠?

3. **Tom and Jack aren't college students, are they?**
   톰과 잭은 대학생이 아니죠?

4. **You don't have any friends in America, do you?**
   당신은 미국에 친구가 한 명도 없죠?

5. **Your sister doesn't like jazz, does she?**
   당신 여동생은 재즈를 안 좋아하죠?


### STEP 2  응용 문장 따라 말하기 연습
🎧 mp3 33-3

다음 문장을 듣고, 입에 붙을 때까지 반복해서 소리 내어 따라 말해보세요.

1. **He can't answer this question, can he?**
   그는 이 질문에 답할 수 없죠?

2. **Jane couldn't sleep very well last night, could she?**
   제인은 지난밤에 잘 못 잤죠?

3. **You won't have to get up early tomorrow morning, will you?**
   당신은 내일 아침에 일찍 일어날 필요 없죠?

# 묻기 · 대답하기 연습

해답 283쪽

### STEP 1 기본 문장 묻기 · 대답하기 연습

🔊 mp3 33-4

다음의 문장을 이용해서 지시에 따라 문장을 만들고 대화 연습을 해 보세요.

> **They can't speak Korean very well.**

1. 부가의문문으로 >>
2. 1.의 대답 >>
3. English?; 부가의문문 >>
4. 3.의 대답 >>
5. What language, can't? >>
6. 5.의 대답 >>

### STEP 2 응용 문장 묻기 · 대답하기 연습

🔊 mp3 33-5

다음의 문장을 이용해서 지시에 따라 문장을 만들고 대화 연습을 해 보세요.

> **They don't have any difficulty in speaking English.**

1. 부가의문문으로 >>
2. 1.의 대답 >>
3. Korean?; 부가의문문 >>
4. 3.의 대답 >>
5. What language, don't? >>
6. 5.의 대답 >>

# UNIT 34

의문사의 의미+해야 할지(할 수 있는지)
## S+V+O (의문사+to부정사)
### I don't know what to say.

🔊 mp3 34-1

- You don't look very happy today. What's the matter with you?
- Well, I did something wrong to a friend of mine yesterday.
- You didn't mean it, did you?
- No, I didn't mean it. So I'm thinking of apologizing to her. But I don't know what to say.
- You don't have to worry about what to say. How to say it is much more important than what to say. Just go and say with all your heart, "I'm sorry. I didn't mean it."

✎ 본문 해석

A: 오늘 즐거워 보이지 않는데 무슨 일 있어? / B: 어제 친구에게 나쁜 짓을 했어. / A: 그럴 생각은 아니었지? / B: 그래. 그래서 그녀에게 사과하려고 해. 그런데 무슨 말을 하면 좋을지 모르겠어. / A: 무슨 말을 해야 하는지 고민할 필요 없어. 무슨 말을 하는가보다는 어떻게 말하는지가 더 중요해. 가서 진심으로 '미안해. 그럴 생각은 아니었어.'라고 말하기만 하면 돼.

## 문장 형식 분석

| S | V | O(의문사+to부정사) |
|---|---|---|
| I | don't know | what to say. |

↳ what to say는 '무엇을 말해야 하는지'라는 의미로 전체를 하나의 명사로 취급하므로 목적어가 될 수 있다.

| S | V | C(형용사) | 수식어 |
|---|---|---|---|
| How to say it | is | much more important | than what to say. |

↳ <A is more important than B> 형식의 문장이다.

| S | V(조동사+본동사) | 수식어(전치사+[의문사+to부정사]) |
|---|---|---|
| You | don't have to worry | about what to say. |

## 문법 해설

### 1 의문사+to부정사

'의문사+to부정사'는 명사구가 되어 문장의 주어·목적어·보어로 쓰인다. 의문사 중에 why는 to부정사 바로 앞에 쓸 수 없다. 즉 'why+to부정사' 형태는 없다.

| what to ~: 무엇을 ~해야 할지 | 〈예〉 what to say → 말해야 할 것 |
|---|---|
| how to ~: 어떻게 ~해야 할지 | 〈예〉 how to say it → 말하는 방법 |

'의문사+to부정사'는 시제에 관계없이 사용한다.
I don't know what to do.(무엇을 해야 할지 모르겠다) 〈현재시제〉
I didn't know what to do.(무엇을 해야 할지 몰랐다) 〈과거시제〉
He will want to know what to do.(무엇을 해야 할지 알고 싶어 할 것이다) 〈미래시제〉

### 2 '의문사+to부정사'는 '의문사+주어+should+동사원형'으로 바꿔 쓸 수 있다. 〈Unit 56〉

I don't know how to drive. = I don't know how I should drive.
I don't know what to do. = I don't know what I should do.
I don't know where to go. = I don't know where I should go.
I don't know when to begin. = I don't know when I should begin.

〈간접의문문 만드는 방법〉 What should I do?
I don't know → I don't know what I should do.
                                  간접의문문

### 3 what to say와 how to say it

You should say it. → What should I say ? → what to say ?
 S    V     O

You should say it heartily. → How should I say it ? → how to say it ?
 S    V     O    수식어

## 문장 따라 말하기 연습

### STEP 1  기본 문장 따라 말하기 연습 🔊 mp3 34-2

다음 문장을 듣고, 입에 붙을 때까지 반복해서 소리 내어 따라 말해보세요.

1. **I don't know how to drive.**
   나는 운전하는 방법을 모른다.

2. **I don't know what to do.**
   나는 무엇을 해야 하는지 모른다.

3. **I don't know where to go.**
   나는 어디로 가야 하는지 모른다.

4. **I don't know when to begin.**
   나는 언제 시작해야 하는지 모른다.

> how to drive: 운전하는 방법 / what to do: 무엇을 해야 하는지 / where to go: 어디에 가야 하는지 / when to begin: 언제 시작해야 하는지

### STEP 2  응용 문장 따라 말하기 연습 🔊 mp3 34-3

다음 문장을 듣고, 입에 붙을 때까지 반복해서 소리 내어 따라 말해보세요.

1. **He doesn't know how to write a letter in English.**
   그는 영어로 편지를 쓰는 법을 모른다.

2. **She wants to know how to sing the song.**
   그녀는 그 노래를 부르는 방법을 알고 싶어 한다.

3. **I know what to say, but I don't know how to say it.**
   나는 무슨 말을 해야 하는지 알고 있지만, 어떻게 말해야 하는지는 모른다.

4. **I know how to pronounce the word, but I don't know how to spell it.**
   나는 그 단어를 어떻게 발음하는지는 알지만, 어떻게 쓰는지는 모른다.

> sing: 노래하다 / song: 노래 / pronounce: 발음하다 / spell: 철자하다

# 묻기·대답하기 연습

해답 283쪽

### STEP 1 기본 문장 묻기·대답하기 연습
🔊 mp3 **34-4**

다음의 문장을 이용해서 지시에 따라 문장을 만들고 대화 연습을 해 보세요.

> **I don't know how to drive.**

1. 의문문으로 >>
2. 1.의 대답 >>
3. how to ride a bicycle? >>
4. 3.의 대답 >>
5. What, don't? >>
6. 5.의 대답 >>


### STEP 2 응용 문장 묻기·대답하기 연습
🔊 mp3 **34-5**

다음의 문장을 이용해서 지시에 따라 문장을 만들고 대화 연습을 해 보세요.

> **How to say it is much more difficult than what to say.**

1. 의문문으로 >>
2. 1.의 대답 >>
3. much easier? >>
4. 3.의 대답 >>
5. Which is more difficult? >>
6. 5.의 대답 >>

UNIT 34 **S+V+O**(의문사+to부정사)

# UNIT 35

## 의문사의 의미+해야 할지(할 수 있는지)
## S+V+IO+DO (의문사+to부정사)

Will you advise me which to buy?

🔊 mp3 35-1

A: salesman / B: girl

*A girl dropped in at a store for men's wear.*

- May I help you?
- Yes, I want to get a tie.
- Is it for your boy friend?
- No. It's for my father.
- Oh, I see. How would you like this one? This one is silk, and that one is wool.
- I have no idea of which one to choose. Will you advise me which to buy?
- Yes, certainly. Silk will be better for a gentleman.
- All right. I'll take this one.

### 본문 해석

한 여성이 남성복 매장에 들렀다. / A: 도와 드릴까요? / B: 네, 넥타이를 사고 싶은데요. / A: 남자 친구에게 선물할 건가요? / B: 아뇨, 아버지께 드릴 겁니다. / A: 알겠어요. 이건 어떠세요? 이건 실크고, 저건 울입니다. / B: 어느 것을 선택해야 할지 모르겠군요. 어느 걸로 사야 할지 조언 좀 해 주시겠어요? / A: 그럼요. 어른에게는 실크가 더 좋을 겁니다. / B: 알겠어요. 이걸 살게요.

## 문장 형식 분석

| | S | V | IO | DO(의문사+to부정사) |
|---|---|---|---|---|
| Will | you | advise | me | which to buy? |

↳ 이 형식은 He will give me a book. 과 같다.
         S    V   IO   DO

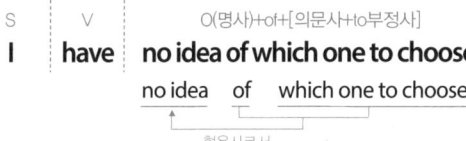

## 문법 해설

### 1 '의문사+명사+to부정사' 형식

의문대명사 what과 which는 명사 앞에 쓰여 뒤에 있는 명사를 수식하는 형용사 역할을 하기도 한다. 이것을 의문형용사라고 한다.

이 형식에서는 '의문사+명사'를 하나의 의문사로 취급해서 '의문사+to부정사'나 '의문사+명사+to부정사'는 같다고 볼 수 있다.

① what [ ] **to read**(무엇을 읽어야 하는지) 〈what: 명사〉
② what *book* **to read**(무슨 책을 읽어야 하는지) 〈what: 형용사〉

    which one to buy ← Which one should I buy?
    what book to read ← What book should I read?
    which way to go ← Which way should I go?
    which train to take ← Which train should I take?

### 2 '의문사+to부정사'는 'S+V+O+to부정사' 형식으로 바꿀 수 없다.

| | S | V | IO | DO |
|---|---|---|---|---|
| ① | I | will show | you | my album. |
| ② | I | will show | you | how to use it. |

두 문장은 모두 'S+V+O+O' 형식이지만, 'S+V+O+to부정사' 형식으로 바꿀 수 있는 것은 ①뿐이다.

① I will show my album to you. (○)
② I will show how to use it to you. (×)

### 3 How would you like ~?(~은 어때요?)

이 표현은 사물에 대한 의견이나 좋고 싫음을 물을 때 쓰는 How do you like ~?(~을 어떻게 생각하세요?)의 공손한 표현이다. 〈Unit 30〉

**How would you like a cup of coffee?**(커피 한 잔 어떠세요?)

## 문장 따라 말하기 연습

### STEP 1 기본 문장 따라 말하기 연습
🔊 mp3 35-2

다음 문장을 듣고, 입에 붙을 때까지 반복해서 소리 내어 따라 말해보세요.

1. **I have no idea of which one to buy.**
   나는 어느 것을 사야 할지 전혀 모르겠다.

2. **He has no idea of what book to read.**
   그는 어떤 책을 읽어야 할지 전혀 모르겠다.

3. **They have no idea of which way to go.**
   그들은 어느 길로 가야 할지 전혀 모르겠다.

4. **I have no idea of which train to take.**
   나는 어느 열차를 타야 할지 전혀 모르겠다.

> which one to buy: 어느 것을 사야 할지 / what book to read: 무슨 책을 읽어야 할지 / which way to go: 어느 길로 가야 할지 / which train to take: 어느 열차를 타야 할지

### STEP 2 응용 문장 따라 말하기 연습
🔊 mp3 35-3

다음 문장을 듣고, 입에 붙을 때까지 반복해서 소리 내어 따라 말해보세요.

1. **Please show me how to spell the word.**
   그 단어를 어떻게 쓰는지 가르쳐 주세요.

2. **Please tell me which bus to take.**
   어느 버스를 타야 하는지 알려 주세요.

3. **I'll ask the American how to pronounce this word.**
   이 단어를 어떻게 발음하는지 미국인에게 물어 볼 겁니다.

4. **I'll ask my homeroom teacher which school to choose.**
   어느 학교를 선택해야 할지 담임선생님에게 물어 볼 겁니다.

> show: 보여주다→가르쳐 주다 / tell: 알려주다

# 묻기·대답하기 연습

해답 284쪽

## STEP 1  기본 문장 **묻기·대답하기** 연습 🎵 mp3 35-4

다음의 문장을 이용해서 지시에 따라 문장을 만들고 대화 연습을 해 보세요.

> **I'll show you how to use it.**

1. 의문문으로 >>
2. 1.의 대답 >>
3. how to break it? >>
4. 3.의 대답 >>
5. What? >>
6. 5.의 대답 >>

## STEP 2  응용 문장 **묻기·대답하기** 연습 🎵 mp3 35-5

다음의 문장을 이용해서 지시에 따라 문장을 만들고 대화 연습을 해 보세요.

> **My homeroom teacher will advise me which school to choose.**

1. 의문문으로 >>
2. 1.의 대답 >>
3. which store to choose? >>
4. 3.의 대답 >>
5. What? >>
6. 5.의 대답 >>

# UNIT 36

…하는 것은 ~다
**S**(It)+**V**(be동사)+**C**(형용사)+**진주어**(to부정사)

It is difficult to speak English.

🔊 mp3 36-1

- Is it very difficult to master English in a couple of years?
- Well, I can say either yes or no.
- What do you mean by that?
- To master English in a couple of years is quite possible for one person, but it will be very difficult for another. It depends upon your ability.
- Well, then, it will be very difficult for me to do it. Don't you think so?
- Well, I really can't say either yes or no.

📖 본문 해석

A: 영어를 2, 3년 안에 마스터 하기는 정말 어렵니? / B: 글쎄, 그렇다고도 할 수 있고 그렇지 않다고도 할 수 있어. / A: 무슨 뜻이니? / B: 영어를 2, 3년에 마스터할 수 있는 사람도 있지만, 정말 안 되는 사람도 있어. 개인의 능력 문제이거든. / A: 그러면 나한테는 정말 어렵겠어, 그렇게 생각하지 않니? / B: 글쎄, 그렇다고도 아니라고도 말할 수 없어.

## 문장 형식 분석

| S(가주어) | V | C(형용사) | to부정사(진주어) |
|---|---|---|---|
| It | is | difficult | to speak English. |

| S(가주어) | V | C(형용사) | to부정사(진주어) |
|---|---|---|---|
| It | will be | difficult | for you to master English in a year. |

## 문법 해설

### 1 It ... to ~ 구문

① To speak English is difficult.
↓                 is difficult   to speak English.

②    It    is difficult   to speak English.

①과 ②는 내용은 같지만 ①은 주어 부분(부정사의 명사적 용법)이 길어서 문장의 스타일을 정돈하기 위해 주어 부분을 뒤로 보내고 빈 곳에 형식적으로 가주어 It을 쓴 것이다.

### 2 It ... for ~ to ~

① For you to master English will be difficult.
②    It    will be difficult for you to master English.

It ... to ~ 구문과 같지만 부정사의 의미상의 주어를 나타내고 싶을 때 'for+목적격'을 부정사 앞에 써서 It ... for ~ to ~ 형식으로 한다.

### 3 It ... (for ~) to ~ 구문에는 C(명사)도 쓸 수 있다.

① It is difficult to speak everything in English. 〈형용사〉
It is a difficult thing to speak everything in English. 〈명사〉

② It is interesting to collect foreign coins. 〈형용사〉
It is my hobby to collect foreign coins. 〈명사〉

### 4 It ... (for ~ ) to ~와 같은 의미를 나타내는 다른 형식 〈Unit 22〉

It is difficult to speak English. ⇄ English is difficult to speak.
  to부정사의 명사적 용법                    to부정사의 부사적 용법

It is easy to read this book. ⇄ This book is easy to read.
It is pleasant to live in this house. ⇄ This house is pleasant to live in.
It is very dangerous to swim in the river.
⇄ The river is very dangerous to swim in.

It will be difficult for me to master English in a year.
⇄ English will be difficult for me to master in a year.

## 문장 따라 말하기 연습

### STEP 1  기본 문장 따라 말하기 연습
🔊 mp3 36-2

다음 문장을 듣고, 입에 붙을 때까지 반복해서 소리 내어 따라 말해보세요.

1. **It is difficult to speak English.**
   영어를 말하는 것은 어렵다.

2. **It isn't easy to read an English book without a dictionary.**
   사전 없이 영어 책을 읽는 것은 쉽지 않다.

3. **It is possible to live without water for 2 days.**
   이틀 동안 물 없이 사는 것은 가능하다.

4. **It isn't possible to hold your breath for 5 minutes.**
   5분 동안 숨을 멈추는 것은 불가능하다.

---

without: ~없이 / dictionary: 사전 / breath: 숨. hold breath(숨을 멈추다) / minute(s): (시간의) 분

---

### STEP 2  응용 문장 따라 말하기 연습
🔊 mp3 36-3

다음 문장을 듣고, 입에 붙을 때까지 반복해서 소리 내어 따라 말해보세요.

1. **It will be very difficult for me to master English in a year.**
   내가 1년 내에 영어를 마스터 하는 것은 매우 어려울 것이다.

2. **It will be very difficult for you to memorize one hundred English words in a week.**
   네가 1주일 내에 백 단어를 암기하는 것은 매우 어려울 것이다.

3. **It will be very difficult for him to run one hundred meters in 12 seconds.**
   그가 12초 내에 백 미터를 뛰는 것은 매우 어려울 것이다.

---

memorize: 암기하다 / meter(s): 미터 / second(s): 초

# 묻기·대답하기 연습

해답 284쪽

## STEP 1  기본 문장 묻기·대답하기 연습

🔊 mp3 36-4

다음의 문장을 이용해서 지시에 따라 문장을 만들고 대화 연습을 해 보세요.

> **It is possible to master English in three years.**

1. 의문문으로 >>
2. 1.의 대답 >>
3. in a year? >>
4. 3.의 대답 >>
5. In how many years? >>
6. 5.의 대답 >>


## STEP 2  응용 문장 묻기·대답하기 연습

🔊 mp3 36-5

다음의 문장을 이용해서 지시에 따라 문장을 만들고 대화 연습을 해 보세요.

> **It will be difficult for you to master English in a year.**

1. 의문문으로 >>
2. 1.의 대답 >>
3. easy'? >>
4. 3.의 대답 >>
5. How difficult? >>
6. 5.의 대답; very >>

# UNIT 37

…가 ~하는 것은 ~다
**S**(It)+**V**(be동사)+**C**(형용사+of+사람)+**진주어**(to부정사)

It's foolish of you to study so hard all the time.

🎵 mp3 37-1

- It's a very nice day, isn't it?
- Yes, it looks like a nice one.
  <sub>~인 것 같다</sub>
- Why don't you go out for a walk with me on such a nice day?
  <sub>~하는 게 어때요?</sub>
- I'm sorry, but I'm very busy. Right now I'm in the middle of my studies.
  <sub>지금</sub>
- It's foolish of you to study so hard all the time. A proverb says,
  <sub>[fúːlɪʃ] 어리석은</sub>   <sub>좋곤, 언제나</sub>   <sub>[prάvɜːrb] 속담, 격언</sub>
  "All work and no play makes Jack a dull boy." Don't you know that?
  <sub>[dʌl] 무딘한</sub>
- Yes, I do. But don't you think that all play and no work makes Jack a more foolish boy?

### 📖 본문 해석

A: 날씨 정말 좋다, 그렇지? / B: 그래, 좋은 것 같아. / A: 이렇게 좋은 날에는 나하고 산책하러 나가는 건 어때? / B: 미안한데 정말 바빠. 지금 공부하는 중이거든. / A: 항상 공부만 그렇게 열심히 하는 것은 어리석은 일이야. 속담에도 '공부만 하고 놀지 않으면 바보가 된다.'고 하잖아. 그걸 모르니? / B: 알아. 하지만 항상 놀기만 하고 공부를 안 하면 더 바보가 된다고 생각하진 않니?

## 문장 형식 분석

| S(가주어) | V | C(형용사) | to부정사(진주어) |
|---|---|---|---|
| **It** | **is** | **foolish of you** | **to study so hard all the time.** |
| 〈기본 문장〉 | It is (foolish) of you to ~ | | 네가 ~하는 것은 (어리석)다.<br>~하다니 너는 (어리석)다. |

| S(가주어) | V | C(형용사) | to부정사(진주어) |
|---|---|---|---|
| **It** | **is** | **very kind of you** | **to come and see me.** |

PART 2 문장의 5형식 활용 연습

# 문법 해설

## 1 부정사의 의미상의 주어; 'of+목적격'을 쓰는 경우

It is 다음에 사람의 성질을 나타내는 형용사 kind, good, foolish, wise, clever 등이 올 경우에는 'of+목적격'을 부정사 앞에 써서 의미상의 주어를 나타낸다.
It is foolish of you to study so hard all the time.

## 2 부정사의 시제

부정사는 동사의 성질을 가지고 있으므로 시간을 나타낼 수 있다. 단순부정사(to+동사원형)는 술어동사와 같은 시제를 나타내거나 미래의 일을 나타낸다. 즉, 술어동사가 현재이면 단순부정사는 현재 또는 미래시제를, 술어동사가 과거시제이면 단순부정사도 과거시제를 나타낸다.
It is **very kind of you** to come and see me. 〈현재〉
It was **very kind of you** to come and see me. 〈과거〉

이 형식은 사람을 문장 전체의 주어로 써서 'S+V(be동사)+C(형용사)+to부정사〈Unit 22〉' 형식으로 바꿔 써도 같은 의미를 나타낼 수 있다.
It is very kind of you to come and see me.
= You are very kind to come and see me.

## 3 It + ... of ~ to ~ 형식과 감탄문

It + ... of ~ to ~ . → How+형용사+of you to ~! (…하다니 넌 참 ~다!)

|  |  |  |
|---|---|---|
| It is | foolish of you | to do such a thing. |
| It is | very foolish of you | to do such a thing. |
| How foolish of you | it is | to do such a thing. |

※ 감탄문에서 it is는 생략하는 것이 보통이다.

It's foolish of you to do such a thing.
→ How foolish of you to do such a thing!(그런 일을 하다니 넌 참 어리석다!)

It's very kind of you to come and see me.
→ How kind of you to come and see me!(나를 보러 와 주니 정말 고마워!)

## 문장 따라 말하기 연습

### STEP 1  기본 문장 따라 말하기 연습
다음 문장을 듣고, 입에 붙을 때까지 반복해서 소리 내어 따라 말해보세요.

1. **It's foolish of you to do such a thing.**
   네가 그런 일을 하는 것은 바보 같은 짓이다.

2. **It's foolish of you to say such a thing.**
   네가 그런 말을 하는 것은 바보 같은 짓이다.

3. **It's foolish of you to make such a mistake.**
   네가 그런 실수를 하는 것은 바보 같은 짓이다.

4. **It's foolish of you to ask such a question.**
   네가 그런 질문을 하는 것은 바보 같은 짓이다.

### STEP 2  응용 문장 따라 말하기 연습
다음 문장을 듣고, 입에 붙을 때까지 반복해서 소리 내어 따라 말해보세요.

1. **It's very kind of you to come and see me.**
   나를 보러 와 줘서 고맙다.

2. **It's clever of you to keep away from him.**
   네가 그를 멀리하는 것은 현명한 일이다.

3. **It was stupid of her to make the same mistake.**
   그녀가 똑같은 실수를 저지른 것은 어리석은 일이었다.

4. **It was careless of him to leave his umbrella on the train.**
   그가 열차에 우산을 두고 내린 것은 경솔한 일이었다.

> kind: 친절한 / clever: 영리한 / keep away from ~: ~을 멀리하다, ~을 피하다 / stupid: 어리석은, 멍청한(=foolish) / careless: 부주의한〈care(주의)+less (반)careful / leave: 남기다, 둔 채 잊다 / umbrella: 우산

# 묻기 · 대답하기 연습

해답 285쪽

### 기본 문장 **묻기·대답하기** 연습

🎧 mp3 37-4

다음의 문장을 이용해서 지시에 따라 문장을 만들고 대화 연습을 해 보세요.

> **It's very kind of you to help me.**

1. 의문문으로 >>
2. 1.의 대답 >>
3. to keep away from you? >>
4. 3.의 대답 >>
5. What, kind of me to do? >>
6. 5.의 대답 >>

### 응용 문장 **묻기·대답하기** 연습

🎧 mp3 37-5

다음의 문장을 이용해서 지시에 따라 문장을 만들고 대화 연습을 해 보세요.

> **It's foolish of you to stay home on such a nice day.**

1. 의문문으로 >>
2. 1.의 대답 >>
3. clever ot me? >>
4. 3.의 대답 >>
5. What, clever of me to do? >>
6. 5.의 대답; to take a walk >>

# UNIT 38

~하고 있는
## 현재분사가 쓰인 형식
What is the month coming after November?

🔊 mp3 38-1

- What is the month coming after November?
  [nouvémbər] 11월
- It's December.
  [disémbər] 12월
- Do you know the name of the month coming after December?
- Of course, I do. But why do you ask me such a silly question?
  [síli] 바보 같은, 가치 없는
- Wait a minute. In ancient times the month coming after December was March.
  [éinʃənt] 고대의, in ancient times(고대에는)   [ma:rtʃ] 3월
- Really? Then the ancient calendar didn't have more than ten months in a year?
  [kǽləndər] 달력, 역법
- No, it didn't. The ancient calendar didn't have January and February. December meant the 10th month of the year.
  [fébruèri] 2월   [ment] mean(의미하다)의 과거형   [dʒǽnjuèri] 1월

### 본문 해석

A: November 다음은 무슨 달이지? / B: December. / A: December 다음 달 이름을 아니? / B: 물론 알아. 그런데 왜 그런 쓸데없는 질문을 하는 거니? / A: 잠시만 기다려봐. 옛날에는 December 다음 달은 March였어. / B: 정말이야? 그럼 고대 역법에는 1년이 10달밖에 없었니? / A: 그래. 고대 역법에는 January과 February가 없었어. December는 한 해의 10번째 달을 의미했어.

## 문장 형식 분석

|  C  |  V  |  S(명사+현재분사)  |
| :-: | :-: | :-: |
| **What** | **is** | **the month coming after November?** |

〈원래 문장〉 The month coming after November is December.

|  S  |  V  |   | O(명사+of+명사+현재분사) |
| :-: | :-: | :-: | :-: |
| **Do** | **you** | **know** | **the name of the month coming after December?** |

## 문법 해설

### 1 현재분사

현재분사는 '동사원형+-ing' 형태로 동명사와 형태가 같지만, 동명사가 명사 역할을 하는 데 비해 현재분사는 형용사 역할을 한다.
분사가 형용사처럼 명사의 앞이나 뒤에서 명사를 수식하는 역할을 하는 것을 분사의 한정적 용법이라고 한다.

**The boy** watching **television over there is my brother.**
└─ 저기에서 텔레비전을 보고 있는

현재분사는 be동사와 결합해서 진행형을 만든다.
**The boy** is watching **television over there.** (그 소년은 저기서 텔레비전을 보고 있다.)
진행형: be동사+현재분사

### 2 현재분사와 동명사의 구별

| 현재분사가 쓰이는 자리 | ① 진행형으로 문장의 동사 자리<br>② 명사 앞이나 뒤 |
|---|---|
| 동명사가 쓰이는 자리 | ① 문장에서 명사가 쓰이는 자리(주어 · 목적어 · 보어)<br>② 전치사 뒤 |

**The girl is** playing **the piano.** 〈현재분사; 진행형〉
(그 소녀는 피아노를 치고 있다.)
**Who is the girl** playing **the piano?** 〈현재분사; 명사 수식〉
(피아노를 치고 있는 소녀는 누구죠?)
Playing **the piano is fun for the girl.** 〈동명사; 주어〉
(그 소녀에게는 피아노를 치는 것은 즐겁다.)
**The girl is enjoying** playing **the piano.** 〈동명사; 목적어〉
(그 소녀는 피아노 치는 것을 즐긴다.)
**The girl's hobby is** playing **the piano.** 〈동명사; 보어〉
(그 소녀의 취미는 피아노를 연주하는 것이다.)
**The girl is fond of** playing **the piano.** 〈동명사; 전치사 뒤〉
(그 소녀는 피아노 연주하는 것을 좋아한다.)

# 문장 따라 말하기 연습

 기본 문장 따라 말하기 연습 　　　　　　　　　　mp3 38-2

다음 문장을 듣고, 입에 붙을 때까지 반복해서 소리 내어 따라 말해보세요.

1. **Winter is the season coming after fall.**
   겨울은 가을 다음에 오는 계절이다.

2. **Do you know the name of the season coming after fall?**
   가을 다음에 오는 계절 이름을 알아요?

3. **Tell me the name of the season coming after fall.**
   가을 다음에 오는 계절 이름을 알려 줘요.

4. **Do you call the season coming after fall winter?**
   가을 다음에 오는 계절을 겨울이라고 하나요?

> season: 계절 / fall(=autumn): 가을 / call: ~라고 부르다, ~라고 하다

 응용 문장 따라 말하기 연습 　　　　　　　　　　mp3 38-3

다음 문장을 듣고, 입에 붙을 때까지 반복해서 소리 내어 따라 말해보세요.

1. **The boy watching television over there is my brother.**
   저기서 텔레비전을 보고 있는 소년이 내 동생이다.

2. **Do you know the girl playing the piano on the stage?**
   무대 위에서 피아노를 치고 있는 소녀를 알아요?

3. **Tell me the name of the woman talking to our homeroom teacher.**
   우리 담임선생님과 얘기하고 있는 여자의 이름을 알려 줘요.

4. **I want you to meet the man standing with a pipe in his mouth.**
   입에 파이프를 물고 서 있는 저 남자를 소개하고 싶다.

> stage: 무대 / I want you to meet ~: 당신을 ~에게 소개하고 싶다〈S+V+O+to부정사; Unit 15〉 / with ~ in (one's) mouth: 입에 ~을 물고

# 묻기·대답하기 연습

 기본 문장 **묻기·대답하기** 연습

다음의 문장을 이용해서 지시에 따라 문장을 만들고 대화 연습을 해 보세요.

**December is the month coming after November.**

1. 의문문으로 >>
2. 1.의 대답 >>
3. January? >>
4. 3.의 대답 >>
5. What? >>
6. 5.의 대답 >>

 응용 문장 **묻기·대답하기** 연습

다음의 문장을 이용해서 지시에 따라 문장을 만들고 대화 연습을 해 보세요.

**I want you to meet the man standing over there.**

1. 의문문으로 >>
2. 1.의 대답 >>
3. the woman sitting over there? >>
4. 3.의 대답 >>
5. Who? >>
6. 5.의 대답 >>

# UNIT 39

…가 ~하고 있는 것을 보다
**S+V**(see)**+O+C**(현재분사)
We saw lots of people standing in line.

🔊 mp3 39-1

We went on a school excursion in New York.
[skúːl ikskə́ːrʒən] 수학여행
We took a ride in a sight-seeing bus.
take a ride in ~ (교통기관에) 타다    [sáit síːiŋ bʌs] 관광버스
The bus took us all around New York.
We visited many places of interest.
[íntərəst] 관광 명소
When we were in downtown New York, we found several big
[sévərəl] 몇 개의(보통 서너 개 또는 네다섯 개)
theaters standing close together.
[θíətər] 극장    옆에 붙어(서다)
And we saw lots of people standing in line in front of the box
일렬로 나란히 서다    [báks ɔ́ːfis] 매표소
offices of the theaters.

## 본문 해석

우리는 뉴욕으로 수학여행을 갔다. / 우린 관광버스를 탔다. / 버스는 우리를 태우고 뉴욕 곳곳으로 데려다 주었다. / 우리는 많은 관광명소를 방문했다. / 뉴욕 시내에 갔을 때 우리는 큰 극장들이 빽빽이 들어서 있는 것을 발견했다. / 그리고 극장의 매표소 앞에 많은 사람들이 줄지어 서 있는 것을 보았다.

## 문장 형식 분석

| S | V | O | C(현재분사) |
|---|---|---|---|
| **We** | **saw** | **a lot of poeple** | **standing** in line in front of the box offices of the theaters. |

〈원래 문장〉  A lot of people were standing in line in front of ~.

|  S |  V |  O | C(현재분사) |
|---|---|---|---|

**We found several big theaters standing close together.**

- S+V(see)+O+C(현재분사)　…가 ~하고 있는 것을 보다
- S+V(find)+O+C(현재분사)　…가 ~하고 있는 것을 알게 되다

## 문법 해설

### 1 S+see+O+-ing(현재분사); 타동사(see)+목적어+현재분사

현재분사의 의미상의 주어는 바로 앞에 있는 명사(문장에서는 목적어)이고, 현재분사는 진행의 뜻을 나타낸다. 분사가 문장에서 주어나 목적어의 보어로 쓰이는 것을 서술적 용법이라고 한다.

I *saw* a dog running in the yard.(나는 개가 마당을 뛰어다니는 것을 보았다.)

| | | | | |
|---|---|---|---|---|
| ⟨S+V+O⟩ | I saw | a dog. | | |
| ⟨S+V(진행형)⟩ +) | | A dog | was | running in the yard. |
| | I saw | a dog | [　] | running in the yard. |
| | S　V | O | | C |

### 2 S+find+O+-ing(현재분사); '타동사(find)+목적어+현재분사'의 의미

이 경우 find는 예상치 못한 상황에 처해 있음을 알게 된다는 것으로 '~해 보니까 ~하고 있었다, 알고 보니 …가 ~하고 있었다'라는 의미가 된다.

When I got into his room, I *found* him working his desk.
(내가 그의 방에 들어가서 보니까 그는 자기 책상에서 일하고 있었다.)

### 3 'S+V+O+현재분사'와 지각동사의 관계

① I know the girl playing the piano on the stage.
(나는 무대에서 피아노를 치는 소녀를 알고 있다.)

② I saw the girl playing the piano on the stage.
(나는 그 소녀가 무대에서 피아노를 치는 것을 보았다.)

①, ② 모두 형태는 'S+V+O+현재분사'이지만 문장에서 현재분사의 역할이 다르다. ①은 playing이 형용사로 the girl을 수식하고(분사의 한정적 용법), ②는 playing이 목적어 the girl의 보어로 쓰였다(분사의 서술적 용법).

같은 'S+V+O+현재분사' 형태인데도 이와 같은 차이가 생기는 것은 문장의 동사가 지각동사(see, watch, hear, notice, find, feel)인가 아닌가에 의한다.

| S | V | O(명사+현재분사) |
|---|---|---|
| I | know | the girl playing the piano on the stage. |

| S | V | O | C(현재분사) |
|---|---|---|---|
| I | saw | the girl | playing the piano on the stage. |

현재분사는 지각동사나 keep, leave, set 등의 목적격 보어로 쓰인다.
She *kept* me waiting for an hour.
(그녀는 나를 한 시간 동안 기다리게 했다.)

### 4 'S+V(find)+O+C(형용사)' 형식

'S+V(find)+O+C(현재분사)'의 기초가 되는 문장 형식으로 목적격보어로 형용사를 쓰는 형식을 생각할 수 있다.

I found the book *interesting*.(나는 그 책이 재미있다는 것을 알았다.)
You will find him *honest*.(너는 그가 정직하다는 것을 알게 될 것이다.)

〈주의〉
I found the book *easy*.(나는 그 책이 쉽다는 것을 알았다; S+V+O+C)
I found the book *easily*.(나는 그 책을 쉽게 찾아냈다; S+V+O+수식어)

# 문장 따라 말하기 연습

### 기본 문장 따라 말하기 연습

다음 문장을 듣고, 입에 붙을 때까지 반복해서 소리 내어 따라 말해보세요.

1. **I saw a dog running in the yard.**
   나는 개가 마당을 뛰어다니는 것을 보았다.

2. **I saw a cat sleeping on the sofa.**
   나는 고양이가 소파 위에서 자는 것을 보았다.

3. **I saw some birds flying in the sky.**
   나는 새들이 하늘을 나는 것을 보았다.

4. **I saw many cars moving on the street.**
   나는 길에 많은 자동차가 다니는 것을 보았다.

### 응용 문장 따라 말하기 연습

다음 문장을 듣고, 입에 붙을 때까지 반복해서 소리 내어 따라 말해보세요.

1. **I found myself standing in front of a police box.**
   내가 파출소 앞에 서 있는 걸 알았다.

2. **I found myself standing beside a telephone booth.**
   내가 공중전화부스 옆에 서 있는 걸 알았다.

3. **I found a very tall building standing at the end of the street.**
   길 끝에 아주 큰 건물이 있는 걸 알았다.

4. **I found many small houses standing close together at the back of the tall building.**
   큰 건물 뒤에 많은 작은 집들이 빽빽하게 들어서 있는 걸 알았다.

---

myself: 나 자신 / in front of ~: ~ 앞에 / police box: 파출소 / beside ~: ~ 옆에 / telephone booth: 전화 부스 / at the end of ~: ~의 막달은 곳에 / at the back of ~: ~ 뒤에

# UNIT 40

…가 ~하는 것을 보다
**S+V**(see)**+O+C**(원형부정사)
I saw the man cross the road.

🎧 mp3 **40-1**

The other day when I came home from school, I happened to see a traffic accident.
A car came down the street, and it suddenly made a U-turn in the middle of the street.
The driver didn't notice another car coming up behind.
I saw the two cars crash into each other.
In a few minutes I saw a crowd of people gather at the scene.
But fortunately both drivers were all right.

### 본문 해석

며칠 전 학교에서 돌아오는 길에 우연히 교통사고를 보게 되었다. / 어떤 차가 가다가 갑자기 길 한가운데에서 U턴을 했다. / 그 차의 운전자는 다른 차가 뒤에서 오는 것을 못 봤다. / 나는 그 두 차가 충돌하는 것을 보았다. / 잠깐 만에 그 사고 현장에 많은 사람이 모이는 것을 보았다. / 하지만 다행스럽게도 두 운전자는 무사했다.

## 문장 형식 분석

| S | V | O | C(원형부정사) |
|---|---|---|---|
| I | saw | the two cars | **crush** into each other. |

| S | V | O | C(현재분사) |
|---|---|---|---|
| The driver | didn't notice | another car | **coming** up behind. |

♪ S+V(see)+O+C(원형부정사)  …가 ~하는 것을 보다
  S+V(notice)+O+C(현재분사)  …가 ~하고 있는 것을 알아차리다

## 문법 해설

### 1 '타동사+목적어+원형부정사' 형식

see, hear, feel 등의 지각동사는 '동사+목적어+원형부정사' 형식으로 쓰인다. 원형부정사 대신에 to부정사는 쓸 수 없다.

I *saw* the boy put a chocolate in his pocket.
(나는 그 소년이 초콜렛을 호주머니에 넣는 것을 보았다.)

지각동사가 수동태가 되면 원형부정사가 아닌 to부정사를 써야 한다.

The boy *was seen* to put a chocolate in his pocket.
(그 소년이 초콜렛을 호주머니에 넣는 것이 보였다.)

### 2 목적격보어로 현재분사를 쓸 때와 원형부정사를 쓸 때의 차이

부정사에는 동사원형에 to를 붙인 to부정사와 to가 없는 원형부정사가 있다. 지각동사의 경우 원칙적으로 목적격보어로 원형부정사를 쓰지만 현재분사를 쓰기도 한다. 지각동사 다음에 현재분사를 쓰면 진행 중인 행위 또는 반복적인 행위를 나타내고 원형부정사를 쓰면 완료한 행위를 나타낸다. 즉 현재분사가 눈앞에 벌어지는 행위를 나타내는 비해, 원형부정사는 행위 그 자체에 중점을 두는 것이다.

1. S+see+O+현재분사; 진행 중인 행위

    I saw the man crossing the road.(그 남자가 길을 건너고 있는 것을 보았다.)
    → The man was crossing the road.

2. S+see+O+원형부정사; 완료한 행위

    I saw the man cross the road.(그 남자가 길을 건너는 것을 보았다.)
    → The man crossed the road.

# 문장 따라 말하기 연습

### STEP 1  기본 문장 따라 말하기 연습

다음 문장을 듣고, 입에 붙을 때까지 반복해서 소리 내어 따라 말해보세요.

1. **I noticed somebody walking outside the house.**
   나는 집 밖에서 어떤 사람이 걷고 있는 것을 알았다.

2. **I noticed somebody standing behind the curtain.**
   나는 커튼 뒤에 어떤 사람이 서 있는 것을 알았다.

3. **I didn't notice a car coming up behind me.**
   나는 뒤쪽에서 차가 다가오는 것을 몰랐다.

4. **I didn't notice a crowd of people standing around me.**
   나는 내 주위에 사람들이 서 있는 것을 몰랐다.

> outside ~: ~의 밖에(서) / curtain: 커튼 / a crowd of ~: 많은 ~ / around ~: ~의 주위에(서)

### STEP 2  응용 문장 따라 말하기 연습

다음 문장을 듣고, 입에 붙을 때까지 반복해서 소리 내어 따라 말해보세요.

1. **I saw the man cross the road.**
   나는 그 남자가 길을 건너는 것을 보았다.

2. **I saw the man jump over the guard rail.**
   나는 그 남자가 가드레일을 뛰어넘는 것을 보았다.

3. **I saw the car make a U-turn in the middle of the street.**
   나는 그 차가 길 한가운데서 U턴하는 것을 보았다.

4. **I saw the car crash into the guard rail.**
   나는 그 차가 가드레일에 충돌하는 것을 보았다.

> cross: 횡단하다 / road: 도로 / over ~: ~을 넘어 / guard rail: 가드레일

# 묻기·대답하기 연습

해답 286쪽

 **STEP 1**  기본 문장 **묻기·대답하기 연습**  🔊 mp3 **40-4**

다음의 문장을 이용해서 지시에 따라 문장을 만들고 대화 연습을 해 보세요.

> I noticed somebody standing behind the curtain.

1. 의문문으로 >>
2. 1.의 대답 >>
3. beside the curtain? >>
4. 3.의 대답 >>
5. Where? >>
6. 5.의 대답 >>

 **STEP 2**  응용 문장 **묻기·대답하기 연습**  🔊 mp3 **40-5**

다음의 문장을 이용해서 지시에 따라 문장을 만들고 대화 연습을 해 보세요.

> I saw the taxi crash into another taxi.

1. 의문문으로 >>
2. 1.의 대답 >>
3. into the guard rail? >>
4. 3.의 대답 >>
5. What ~ into? >>
6. 5.의 대답 >>

UNIT 40 **S+V**(see)**+O+C**(원형부정사)

# UNIT 41

…가 ~하는 것을 지켜보다
**S+V**(watch)**+O+C**(원형부정사)
I watched the jet plane take off.

🔊 mp3 41-1

I visited Kennedy International airport.
There were lots of passengers waiting in the lobby.
I heard the voice on the loud-speaker say something in English.
It said, "Your attention, please. Flight 002 is now leaving for London."
All the passengers began to move toward the gate.
There was a big four-engined jet waiting for the passengers.
A quarter of an hour later the jet engines began to roar.
I stayed there for another quarter of an hour, and I watched the jet plane take off and go out of sight.

### 본문 해석

나는 케네디국제공항에 갔다. / 로비에 많은 승객이 대기하고 있었다. / 스피커에서 영어로 무언가를 말하는 소리를 들었다. / 그것은 '알려 드립니다. 런던 행 002편이 지금 출발합니다.'라는 것이었다. / 승객들은 게이트로 이동하기 시작했다. / 4개 엔진이 달린 대형 제트기가 승객들을 기다리고 있었다. / 15분 후 제트엔진이 큰 소리를 냈다. / 나는 15분 더 그곳에 머무르며 그 제트기가 이륙해서 사라지는 것을 지켜보았다.

## 문장 형식 분석

| S | V | O | C(원형부정사) |
|---|---|---|---|
| I | heard | the voice on the loud-speaker | say something in English. |

| S | V | O | C(원형부정사) |
|---|---|---|---|
| I | watched | the jet plane | take off (and) go out of sight. |

♪ S+V(hear)+O+C(원형부정사)  …가 ~하는 것을 듣다
  S+V(watch)+O+C(원형부정사)  …가 ~하는 것을 지켜보다

| | V | S | C(현재분사) |
|---|---|---|---|
| There | were | lots of passengers | waiting in the lobby. |

## 문법 해설

### 1 'hear+O+원형부정사'와 'hear+O+현재분사' 비교

1. I *heard* the foreigner speak Korean.: 일시적으로 완료한 동작
   (나는 그 외국인이 한국어를 하는 것을 들었다.)
2. I *heard* the foreigner speaking Korean.: 진행 중인 동작
   (나는 그 외국인이 한국어를 말하고 있는 것을 들었다.)

### 2 There+V(be동사)+S+현재분사

이 형식은 ① 'There+be동사+S+수식어(장소) 〈Unit 6〉'와 ② 'S+V(진행형)+수식어(장소) 〈Unit 7〉'가 한 문장으로 합쳐진 것이다.

〈There+V+S+수식어〉 There were  lots of passengers                in the lobby.
〈S+V+수식어〉     +)       Lots of passengers  were  waiting  in the lobby.
                  There were  lots of passengers  [ -- ]  waiting  in the lobby.

따라서 문장이 나타내는 의미는 ②형식과 같다.

# 문장 따라 말하기 연습

### STEP 1  기본 문장 따라 말하기 연습
다음 문장을 듣고, 입에 붙을 때까지 반복해서 소리 내어 따라 말해보세요.

1. **I heard somebody laugh in the next room.**
   나는 옆방에서 누가 웃는 소리를 들었다.

2. **I heard somebody go out of the room.**
   나는 누가 방을 나가는 소리를 들었다.

3. **I heard the foreigner speak Korean.**
   나는 그 외국인이 한국어를 하는 것을 들었다.

4. **I watched the jet plane start its engines.**
   나는 그 제트기가 시동을 거는 것을 지켜봤다.

5. **I watched the jet plane move along the runway.**
   나는 그 제트기가 활주로를 따라 움직이는 것을 지켜봤다.

6. **I watched the jet plane fly up into the air.**
   나는 그 제트기가 하늘로 날아오르는 것을 지켜봤다.

> heard< hear(듣다)의 과거형 / laugh: (소리를 내) 웃다 / watch: 지켜보다 / start (its engine): (엔진을) 시동하다 / into the air: 공중으로

### STEP 2  응용 문장 따라 말하기 연습
다음 문장을 듣고, 입에 붙을 때까지 반복해서 소리 내어 따라 말해보세요.

1. **There is a helicopter flying in the sky.**
   하늘에서 헬리콥터가 날고 있다.

2. **There was a big jet plane moving along the runway.**
   대형 제트기가 활주로를 따라 움직이고 있었다.

3. **There were lots of people visiting the airport.**
   많은 사람들이 공항을 방문하고 있었다.

> helicopter: 헬리콥터 / along ~: ~을 따라서 / runway: 활주로

# 묻기·대답하기 연습

해답 286쪽

## STEP 1  기본 문장 묻기·대답하기 연습

◁: mp3 **41-4**

다음의 문장을 이용해서 지시에 따라 문장을 만들고 대화 연습을 해 보세요.

> **I heard the voice on the loud-speaker speak in English.**

1. 의문문으로 >>
2. 1.의 대답 >>
3. in Korean? >>
4. 3.의 대답 >>
5. In what language? >>
6. 5.의 대답 >>

## STEP 2  응용 문장 묻기·대답하기 연습

◁: mp3 **41-5**

다음의 문장을 이용해서 지시에 따라 문장을 만들고 대화 연습을 해 보세요.

> **There were lots of passengers waiting in the lobby.**

1. 의문문으로 >>
2. 1.의 대답 >>
3. on the runaway? >>
4. 3.의 대답 >>
5. Where? >>
6. 5.의 대답 >>

# UNIT 42

…에게 ～하게 하다
**S+V**(make)**+O+C**(원형부정사)
The good news made him feel happy.

🔊 mp3 42-1

I visited the museum in New York.
　　　　　　　　[mjuːziːəm] 박물관
There were hundreds of pictures, statues, weapons and the like.
　　　　　[hʌndrədz] 수백의 ~　　　　[stǽtʃuː] 조각상　[wépən] 무기　그와 같은 종류의 것 ; 등
They are all old and wonderful records of our history.
　　　　　　　　　[wʌ́ndərfəl] 훌륭한　[rékərd] 기록
I like history very much.
So everything in the museum interested me very much.
　　　　　　　　　　　　　[íntərəstid] interest:흥미를 일으키다, 관심을 갖게 하다
I was very glad that I could have the chance to see them.
　　　　　　　　　　　　　　　　　　　　[tʃæns] 기회
The museum made me realize the real meaning of history.
　　　　　　　　　　　[ríːəlàiz] 깨닫다, 잘 알다
This visit to the museum made me feel like studying much more
　[vízit] 방문　　　　　　　　　　　　feel like ~ing:~하고 싶다
of history.

### 본문 해석

나는 뉴욕에 있는 박물관을 방문했다. / 수백 점이나 되는 그림, 조각상, 무기 등이 있었다. / 그것들은 모두 과거의 훌륭한 우리 역사의 기록이다. / 나는 역사를 대단히 좋아한다. / 그래서 박물관에 있는 모든 것들은 나의 관심을 끌었다. / 나는 그것들을 볼 수 있는 기회를 가질 수 있어서 정말 기뻤다. / 그 박물관은 나에게 진정한 역사의 의미를 깨닫게 해 주었다. / 이번 박물관 방문은 나에게 역사를 더욱 열심히 공부해야겠다는 기분이 들게 해 주었다.

## 문장 형식 분석

|　S　|　V　|　O　|　C(원형부정사)　|
|---|---|---|---|
|The museum|made|me|realize the real meaning of history.|

① 나는 박물관에서 역사의 진정한 의미를 깨달았다.
② 박물관은 나에게 역사의 진정한 의미를 깨닫게 해 주었다.
우리말로 하면 ①이 자연스럽지만, ②와 같이 표현하는 것이 영어다운 표현이 된다. 이와 같이 영어에는 무생물이나 사물을 주어로 쓰는 표현이 많다. 'make+O+원형부

정사'도 그 대표적인 예이다.

| S | V | O | C(원형부정사) |
|---|---|---|---|
| **The good news** | **made** | **him** | **feel happy.** |

↪ 이 형식은 'S+V(make)+O+C(형용사) ⟨Unit 30⟩'을 약간 바꾼 것이다.

The good news made him happy.
    S        V    O  C(형용사)

## 문법 해설

### 1 사역동사 make

주어가 목적어에게 어떤 동작을 시키는 동사를 사역동사라고 하며 make, let, have 등이 있다. make는 목적어와 목적격보어를 써서 목적어를 '~상태로 만들다 / ~동작을 하게 하다'라는 의미를 나타낸다.

1. S+make+O+C(형용사); ~상태로 만들다
   The news made him *happy*.

2. S+make+O+C(원형부정사): ~동작을 하게 하다
   His story made me *laugh*.(그의 이야기가 나를 웃게 했다.)

### 2 사역동사 let, help

1. let: …에게 ~하게 하다. 현재형·과거형 모두 let으로 형태가 같다.

   My parents let me *use* one hundred thousand won a month.
   (부모님은 내가 한 달에 10만원을 쓰게 해주신다.)

   My parents didn't let me *go* to the movies last night.
   (부모님은 어젯밤에 내가 영화 보러 가는 것을 허락하지 않았다.)

   ※ let과 make와의 차이
     make: 본인의 의사와 관계없이 ~하게 하다, 강제적으로 ~시키다
     let: 본인의 요구에 따라 ~하게 하다, ~하게 허용하다

2. help: 거들어 ~하게 하다, 도와서 ~시키다

   She helped her mother *cook* a meal.(어머니가 밥 짓는 일을 도와드렸다.)
   This dictionary helps me *study* English.(이 사전은 내가 영어 공부하는 것을 도와준다.)

# 문장 따라 말하기 연습

## STEP 1  기본 문장 따라 말하기 연습   🔊 mp3 42-2

다음 문장을 듣고, 입에 붙을 때까지 반복해서 소리 내어 따라 말해보세요.

1. **The good news made him feel happy.**
   그 좋은 소식이 그를 기쁘게 했다.

2. **The bad news made her feel sad.**
   그 나쁜 소식이 그녀를 슬프게 했다.

3. **His speech made me feel like reading many more books.**
   그의 연설은 나에게 더 많은 책을 읽고 싶은 생각이 들게 했다.

4. **The English speech contest made me feel like studying English much harder.**
   영어 웅변대회는 나에게 영어를 더 열심히 공부하고 싶은 마음이 들게 했다.

> news: 소식 / feel happy: 행복한 기분이 들다〈Unit 31〉 / many more ~: 더 많은 ~ 〈비교〉 many more books(수), much more money(양)

## STEP 2  응용 문장 따라 말하기 연습   🔊 mp3 42-3

다음 문장을 듣고, 입에 붙을 때까지 반복해서 소리 내어 따라 말해보세요.

1. **My illness made me realize the real meaning of health.**
   병으로 인해 진정한 건강의 의미를 깨닫게 되었다.

2. **The war made us realize the real meaning of peace.**
   그 전쟁은 평화의 진정한 의미를 깨닫게 해 주었다.

3. **He tried to make me believe his story.**
   그는 내가 자기 얘기를 믿게 하려고 했다.

4. **My parents want to make me go to college in the future.**
   부모님은 미래에 내가 대학에 진학하길 원하신다.

> illness: 병 / war: 전쟁 / peace: 평화 / believe: 믿다

PART 2 문장의 5형식 활용 연습

# 묻기·대답하기 연습

해답 287쪽

## STEP 1 기본 문장 묻기·대답하기 연습
🔊 mp3 **42-4**

다음의 문장을 이용해서 지시에 따라 문장을 만들고 대화 연습을 해 보세요.

> **His speech made me feel sleepy.**

1. 의문문으로 >>
2. 1.의 대답 >>
3. feel sick? >>
4. 3.의 대답 >>
5. How? >>
6. 5.의 대답 >>


## STEP 2 응용 문장 묻기·대답하기 연습
🔊 mp3 **42-5**

다음의 문장을 이용해서 지시에 따라 문장을 만들고 대화 연습을 해 보세요.

> **The museum made me realize the real meaning of history.**

1. 의문문으로 >>
2. 1.의 대답 >>
3. the music hall? >>
4. 3.의 대답 >>
5. What? >>
6. 5.의 대답 >>

UNIT 42 **S+V**(make)**+O+C**(원형부정사)

# UNIT 43

…에 의해 ~되다(당하다)
**S+V**(be동사+과거분사)**+수식어**(by ~)
America was discovered by Columbus.

🔊 mp3 43-1

- Christopher Columbus discovered America in 1492.
- Was America discovered by Columbus?
- Yes, it was. America was discovered by him.
- Was America discovered by Vasco da Gama?
- No, it wasn't. America wasn't discovered by him.
- By whom was America discovered?
- It was discovered by Columbus.
- In what year was America discovered?
- It was discovered in 1492.

### 본문 해석

A: 크리스토퍼 콜럼버스가 1492년에 아메리카를 발견했어. / B: 아메리카는 콜럼버스에 의해 발견되었어? / A: 그래. 아메리카는 그에 의해 발견되었어. / B: 아메리카는 바스쿠 다 가마에 의해 발견되었니? / A: 아니. 아메리카는 그에 의해 발견되지 않았어. / B: 아메리카는 누구에 의해 발견되었니? / A: 콜럼버스에 의해 발견되었어. / B: 아메리카는 몇 년에 발견되었니? / A: 1492년에 발견되었어.

## 문장 형식 분석

| S | V(be동사+과거분사) | 수식어 |
|---|---|---|
| **America** | **was discovered** | **by Columbus.** |

⟨능동태⟩ Columbus discovered America.
　　　　　　S　　　　V　　　　O

## 문법 해설

### 1 수동태

주어가 사람이나 사물에 대하여 어떤 동작을 가하는 경우 이것을 능동이라고 하며 영어에서는 능동태라고 하는 동사의 형식을 써서 나타낸다.

한편 주어가 어떤 것으로부터 동작을 받는 경우를 수동이라고 하며 수동태라는 동사의 형식을 써서 나타낸다.

능동태를 수동태로 바꾸는 경우 능동태의 목적어가 수동태의 주어가 되고 동사의 형태는 'be동사+과거분사'로 나타낸다.

### 2 능동태를 수동태로 바꾸는 방법

|  | S | V | O |  |
|---|---|---|---|---|
| 〈능동태〉 | He | painted | this picture. | |
| 〈수동태〉 | This picture | was painted | | by him. |

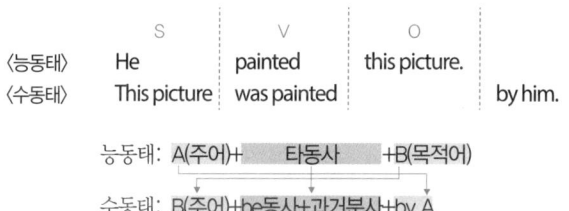

능동태: A(주어)+ 타동사 +B(목적어)

수동태: B(주어)+be동사+과거분사+by A

1. 동사구가 문장의 동사로 쓰인 경우 전체를 하나의 동사로 취급하여 수동태로 바꾼다.

    <u>He</u> <u>waited for</u> <u>me</u> <u>for a long time.</u>
      S      V      O    수식어

    → I was waited for by him for a long time.

    ※ 동사구: '동사+부사' '동사+전치사'처럼 둘 이상의 어구가 타동사를 이루는 것.

2. 수동태로 할 수 있는 동사는 원칙적으로 목적어를 가지는 타동사의 경우이므로 목적어가 있는 3형식(S+V+O), 4형식(S+V+IO+DO), 5형식(S+V+O+C) 문장만 수동태로 바꿀 수 있다. 즉 'S+V+수식어'는 수동태로 만들 수 없다.

    <u>They</u> <u>went</u> <u>to New York.</u> → New York was gone to by them. (×)
      S     V     수식어

    <u>She</u> <u>walked</u> <u>in the garden.</u> → The garden was walked in by her. (×)
      S     V     수식어

## 3 수동태 의문문

1. **의문사가 없는 의문문**: Be동사+주어+과거분사 ~?

   〈능동태〉 Does he love the songs?
   〈수동태〉 Are the songs loved by him?

2. **의문사가 있는 의문문**

   (1) 의문사가 주어인 경우: By+의문사(목적격)+be동사+주어+과거분사 ~?

   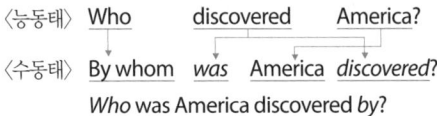

   〈능동태〉 Who discovered America?
   〈수동태〉 By whom *was* America *discovered*?
   *Who* was America discovered *by*?

   ※ whom은 문어체여서 회화에서는 By whom ~?이라고 하지 않고 Who ~ by?형태로 쓴다. 〈Unit 10〉

   (2) 의문사가 목적어인 경우: 의문사(주격)+be동사+과거분사 ~?

   〈능동태〉 What did he discover?
   〈수동태〉 What *was* discovered by him?

## 4 동사의 세 가지 변화; 과거분사

동사는 시제와 문장에서의 역할에 따라 여러 가지 형태를 취하는데 이렇게 동사가 변하는 것을 동사의 활용이라고 하며, 원형·과거·과거분사의 세 가지 형태로 변한다. 과거분사는 수동태와 현재완료에 쓰인다.

1. **규칙동사의 과거분사**: 동사원형+-ed

   만드는 방법은 과거형의 경우와 같다. 〈Unit 1〉

2. **주요 불규칙 동사의 과거분사** 〈Unit 8〉

| 현재형 | 과거형 | 과거분사 | 현재형 | 과거형 | 과거분사 |
|---|---|---|---|---|---|
| make | made | made | break | broke | broken |
| sell | sold | sold | speak | spoke | spoken |
| tell | told | told | take | took | taken |
| build | built | built | do | did | done |
| lose | lost | lost | eat | ate | eaten |
| keep | kept | kept | give | gave | given |
| bring | brought | brought | know | knew | known |
| buy | bought | bought | see | saw | seen |

## 문장 따라 말하기 연습

### 기본 문장 따라 말하기 연습 ◁┊ mp3 43-2

다음 문장을 듣고, 입에 붙을 때까지 반복해서 소리 내어 따라 말해보세요.

1. **He painted this picture yesterday.**
   어제 그가 이 그림을 그렸다.

2. **This picture was painted by him yesterday.**
   어제 이 그림은 그에 의해 그려졌다.

3. **She arranged these flowers a few hours ago.**
   몇 시간 전에 그녀가 이 꽃들을 꽃꽂이했다.

4. **These flowers were arranged by her a few hours ago.**
   몇 시간 전에 이 꽃들은 그녀에 의해 꽃꽂이 되었다.

arranged (flowers) ⟨ arrange(꽃꽂이하다)의 과거분사

### 응용 문장 따라 말하기 연습 ◁┊ mp3 43-3

다음 문장을 듣고, 입에 붙을 때까지 반복해서 소리 내어 따라 말해보세요.

1. **This window was broken by Jack yesterday.**
   어제 이 창문은 잭에 의해 깨어졌다.

2. **These letters were written by her several days ago.**
   며칠 전에 이 편지들이 그녀에 의해 쓰였다.

3. **The ocean route to India was discovered by Vasco da Gama.**
   인도로 가는 바닷길은 바스쿠 다 가마에 의해 발견되었다.

4. **The moon was reached by Apollo 11 in July, 1969.**
   1969년 7월에 달은 아폴로 11호에 의해 정복되었다.

broken⟨break(깨다)의 과거분사 / written⟨write(쓰다)의 과거분사 / ocean route: 바닷길 / India: 인도 / reached⟨reach(도달하다)의 과거분사 / Apollo 11: 아폴로 11호

# UNIT 44

'by ~' 없는 수동태

**S+V**(be동사+과거분사)**+수식어**

These stocking are made of nylon.

🔊 mp3 44-1

- What are these stocking made of?
- They are made of nylon. [meid] make(만들다)의 과거분사 / [náilɑn] 나일론
- Nylon is made from coal, isn't it? [koul] 석탄
- Yes, it is. Nylon is made from coal, water and air.
- What is coal made into?
- Coal is made into gas, nylon and many other things. [gæs] 가스 / [méni ʌ̀ðər θiŋz] 그 외의 다른 많은 것
- Is gasoline made from coal? [gǽsəli:n] 휘발유(gas라고도 한다)
- No, it isn't. Gasoline isn't made from coal.
- What is gasoline made from?
- It is made from oil. [ɔil] 석유 = petroleum

📖 본문 해석

A: 이 양말은 무엇으로 만들어졌어? / B: 나일론으로 만들어졌어. / A: 나일론은 석탄에서 만들어지지? / B: 그래, 나일론은 석탄, 물, 공기로 만들어져. / A: 석탄으로 무엇이 만들어지지? / B: 가스나 나일론, 그 외에 여러 가지 것들이 만들어져. / A: 휘발유는 석탄으로 만들어지니? / B: 아니, 휘발유는 석탄으로 만들어지지 않아. / A: 휘발유는 뭐에서 만들어지니? / B: 석유로 만들어져.

## 문장 형식 분석

| | S | V | O | 수식어 |
|---|---|---|---|---|
| 〈능동태〉 | We | make | these stockings | of nylon. |
| 〈수동태〉 | These stockings | are made | | of nylon. |

🎵 위의 능동태를 그대로 수동태로 바꾸면 **by us**가 붙는데 이 형식에서는 생략되었다.

PART 2 문장의 5형식 활용 연습

|  | S | V | O | 수식어 |
|---|---|---|---|---|
| 〈능동태〉 | They | sell | books | at a bookstore. |
| 〈수동태〉 | Books | are sold |  | at a bookstore. |

♪ 이 문장의 수동태에는 by them이 생략되었다.

## 문법 해설

### 1 'by+행위자'의 생략

we, you, they 등이 특정한 사람들을 가리키는 것이 아니고 막연한 사람들을 가리키는 경우에는 수동태에서 'by+행위자'는 생략한다.

〈능동태〉 They sell books at a bookstore.
　　　(서점 사람들은 서점에서 책을 판다.)
〈수동태〉 Books are sold at a bookstore (by them).

행위자가 분명하지 않은 경우에도 'by+행위자'는 생략한다.

The museum was built ten years ago.
(그 박물관은 10년 전에 건축되었다.)
He was killed in war.
(그는 전쟁에서 죽었다.)

### 2 be made of+(재료)　~으로 만들어지다 〈물리적 변화〉
　be made from+(원료)　~으로 만들어지다 〈화학적 변화〉
　be made into+(제품)　…은 ~으로 만들어지다

be made of ~는 보고 재료를 알 수 있는 경우에, be made from ~은 제품을 보는 것만으로는 재료가 무엇인지 알 수 없는 경우에 사용한다.

The table is made of wood.(식탁은 나무로 만들어진다.)
Cheese is made from milk.(치즈는 우유로 만들어진다.)
The grapes are made into wine.(포도주는 포도로 만들어진다.)

### 3 동작을 나타내는 수동태와 상태를 나타내는 수동태

수동태는 의미에 따라 동작(~되다)을 나타내는 경우와 상태(~되어져 있다)를 나타내는 경우로 구분할 수 있다. 어떤 의미로 쓰이는지는 문장의 의미와 문맥에서 판단해야 한다.

**The street lights** are switched **on at sunset.** 〈동작〉
(가로등은 일몰시에 켜진다.)
**The street lights** are switched **on now.** 〈상태〉
(지금 가로등이 켜져 있다.)

동작을 나타내는 수동태의 경우 be동사 대신에 become, get 등의 동사를 이용하거나, 상태를 나타내는 수동태의 경우 be동사 대신에 remain 등을 이용하기도 한다.

**I** got scolded **by the teacher.** 〈동작〉
(나는 선생님께 꾸중을 들었다.)
**The restaurant** remains closed **to this day.** 〈상태〉
(그 식당은 오늘까지 폐쇄되어 있다.)

### 4 수동태를 쓰는 경우

영어 문장에서 다음과 같은 경우에서는 수동태로 표현할 때가 많다.

① 행위자가 분명하지 않은 경우
② 행위자가 막연한 일반인인 경우
③ 행위자에 관심이 없는 경우
④ 행위자보다는 행위의 대상에 관심이 있는 경우

## 문장 따라 말하기 연습

### 기본 문장 따라 말하기 연습  ◁╱: mp3 44-2
다음 문장을 듣고, 입에 붙을 때까지 반복해서 소리 내어 따라 말해보세요.

1. **Books are sold at a bookstore.**
   책은 서점에서 판매한다.

2. **Bread is sold at a bakery.**
   빵은 빵집에서 판매한다.

3. **Chinese is spoken in China.**
   중국어는 중국에서 쓰인다.

4. **English is spoken all over the world.**
   영어는 전 세계에서 쓰인다.

> sold〈sell(팔다)의 과거·과거분사 / bread: 빵 / bakery: 빵집 / spoken〈speak(말하다)의 과거분사 / all over the world: 전 세계에서

### 응용 문장 따라 말하기 연습  ◁╱: mp3 44-3
다음 문장을 듣고, 입에 붙을 때까지 반복해서 소리 내어 따라 말해보세요.

1. **This desk is made of wood.**
   이 책상은 나무로 만들어졌다.

2. **These shoes are made of leather.**
   이 구두는 가죽으로 만들어졌다.

3. **Wine is made from grapes.**
   와인은 포도로 만들어진다.

4. **Grapes are made into wine.**
   포도가 와인으로 만들어진다.

> wood: 나무(목재) / shoe(s): 구두 / leather: (무두질한) 가죽 / wine: 포도주 / grapes: 포도

UNIT 44  **S+V**(be동사+과거분사)+수식어

# UNIT 45

### 조동사가 쓰인 문장의 수동태
### S+V(조동사+be동사+과거분사)+수식어(by ~)
### This work will have to be done by tomorrow.

🎧 mp3 45-1

- You'll be given a Christmas present, won't you?
- Yes, I will. I'll be given one, I'm sure.
- Who'll give you a Christmas present?
- My parents. I'll be given a very nice one by my parents.
- What kind of present will you be given, by the way?
- I don't know. They are still keeping it secret.
- What do you hope you'll be given?
- I hope I'll be given a computer.

#### 본문 해석

A: 크리스마스 선물을 받을 거지? / B: 그래. 틀림없이 받게 되겠지. / A: 누가 주는데? / B: 부모님. 부모님한테서 아주 멋진 선물을 받게 될 거야. / A: 그런데, 어떤 선물을 받게 되는 거지? / B: 모르겠어. 아직 비밀로 하셔서. / A: 무얼 받고 싶은데? / B: 컴퓨터를 받았으면 해.

## 문장 형식 분석

| | S | V(조동사+본동사) | O | 수식어 |
|---|---|---|---|---|
| 〈능동태〉 | You | will have to do | this work | by tomorrow. |
| 〈수동태〉 | This work | will have to be done | | by tomorrow. |

♪ 'by you'는 생략.

| | S | V(조동사+본동사) | IO | DO | 수식어 |
|---|---|---|---|---|---|
| 〈능동태〉 | My parents | will give | me | a present. | |
| 〈① 수동태〉 | I | will be given | – | a present | by my parents. |
| 〈② 수동태〉 | A present | will be given | me | – | by my parents. |

♪ ①은 간접목적어를 주어로 한 수동태, ②는 직접목적어를 주어로 한 수동태이다.

## 문법 해설

### 1 조동사가 쓰인 문장의 수동태

조동사가 쓰인 문장의 수동태는 '조동사+be+과거분사' 형태로 나타낸다.

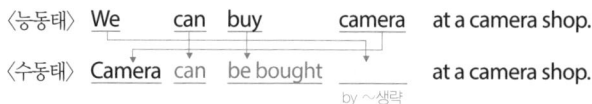

will be+과거분사: ~될 것이다
must be+과거분사: ~되어야 한다

can be+과거분사: ~될 수 있다
should be+과거분사: ~되어야 한다

### 2 4형식 문장의 수동태

목적어가 두 개인 4형식 문장은 간접목적어와 직접목적어를 각각 주어로 해서 두 가지 수동태 문장을 만들 수 있다.

1. 직접목적어를 주어로 하는 경우

|  | S | V | IO | DO |  |
|---|---|---|---|---|---|
| 〈능동태〉 | She | teaches | us | English. |  |
| 〈수동태〉 |  | English | is taught | us |  | by her. |
| 무엇이? |  | What | is taught | us |  | by her? |
| 누구에게? | To whom is | English | –taught | – |  | by her? |
| 누구에 의해? | By whom is | English | –taught | us |  | –? |

2. 간접목적어를 주어로 하는 경우

|  |  | S | V | DO |  |
|---|---|---|---|---|---|
|  |  | We | are taught | English | by her. |
| 누가? |  | Who | is taught | English | by her? |
| 무엇을? | What are | we | –taught | – | by her? |
| 누구에 의해? | By whom are | we | –taught | English | –? |

## 문장 따라 말하기 연습

### STEP 1 기본 문장 따라 말하기 연습
🔊 mp3 45-2

다음 문장을 듣고, 입에 붙을 때까지 반복해서 소리 내어 따라 말해보세요.

1. **I'll be given a computer as a Christmas present.**
   나는 크리스마스 선물로 컴퓨터를 받게 될 것이다.

2. **A computer will be given to me as a Christmas present.**
   크리스마스 선물로 나에게 컴퓨터가 주어질 것이다.

3. **We'll be given a test in mathematics tomorrow.**
   내일 우리는 수학 시험이 있다.

4. **A test in mathematics will be given to us tomorrow.**
   내일 수학 시험이 우리에게 치러진다.

### STEP 2 응용 문장 따라 말하기 연습
🔊 mp3 45-3

다음 문장을 듣고, 입에 붙을 때까지 반복해서 소리 내어 따라 말해보세요.

1. **Cameras can be bought at a camera shop.**
   카메라는 카메라 가게에서 살 수 있다.

2. **Letters must not be written in red ink.**
   편지는 빨간색 잉크로 써선 안 된다.

3. **Your room should be kept clean and tidy.**
   네 방은 말끔하게 정돈되어 있어야 한다.

4. **This work will have to be done by tomorrow.**
   이 일은 내일까지 끝내야만 할 것이다.

---

bought〈 buy(사다)의 과거·과거분사 / written〈 write(쓰다)의 과거분사 / kept〈 keep((특정한 상태·위치를) 유지하다)의 과거·과거분사 〈Unit 30〉 / keep ~ clean and tidy: ~을 말끔하게 정돈해 두다 / done〈 do(하다)의 과거분사 / by tomorrow: 내일까지

# 묻기 · 대답하기 연습

해답 287쪽

### 기본 문장 묻기·대답하기 연습
🔊 mp3 45-4

다음의 문장을 이용해서 지시에 따라 문장을 만들고 대화 연습을 해 보세요.

> **I'll be given a computer as a Christmas present.**

1. 의문문으로 >>
2. 1.의 대답 >>
3. a cellular phone? >>
4. 3.의 대답 >>
5. What? >>
6. 5.의 대답 >>

### 응용 문장 묻기·대답하기 연습
🔊 mp3 45-5

다음의 문장을 이용해서 지시에 따라 문장을 만들고 대화 연습을 해 보세요.

> **This work will have to be done by tomorrow.**

1. 의문문으로 >>
2. 1.의 대답 >>
3. by tonight? >>
4. 3.의 대답 >>
5. When? >>
6. 5.의 대답 >>

UNIT 45 **S+V**(조동사+be동사+과거분사)+수식어(by ~)

# UNIT 46

**by 이외의 다른 전치사를 쓰는 수동태**

## S+V(be동사+과거분사)+수식어

### I'm very much interested in cameras.

🎧 mp3 46-1

- Are you interested in cameras?
  ((be) interested in ~에 관심이 있다)
- Yes, I am. I'm very much interested in cameras.
- Which are you more interested in, Korean-made cameras or foreign-made ones?
  (외국산의)
- I'm more interested in Korean-made cameras. Many excellent cameras are made in Korea now.
  [éksələnt] 우수한
- Do you think Korean-made cameras are so excellent?
- Yes, I do. Korean-made cameras are not only high in quality but also low in price.
  [lou] 낮은, 싼    not only ~ but also _ : ~뿐만 아니라 _도    [kwάləti] 품질
  [prais] 가격

📖 **본문 해석**

A: 카메라에 관심 있어? / B: 그래. 관심이 아주 많아. / A: 한국산 카메라와 외국산 카메라 중 어느 쪽에 더 관심이 있어? / B: 한국산 카메라에 더 관심이 있어. 현재 우수한 카메라가 한국에서 만들어지고 있어. / A: 한국산 카메라가 그렇게 우수하다고 생각하니? / B: 그래. 한국산 카메라는 품질도 우수할 뿐만 아니라 가격도 저렴해.

## 문장 형식 분석

| S | V | C(형용사 역할의 과거분사) | 수식어 |
|---|---|---|---|
| I | am | **very much interested** | **in cameras.** |

very — much — interested

| S | V(be동사+과거분사) | 수식어 |
|---|---|---|
| **The mountain** | **will be covered** | **with snow.** |

# 문법 해설

## 1 be interested in ~

이 형태의 과거분사 interested의 원형인 동사 interest는 '관심을 갖게 하다'이기 때문에 특정한 것을 대상으로 '그(이, 저) ~에 관심이 있다'라고 할 때는 다음과 같이 쓰인다.

⟨능동태⟩ *This camera* interested me very much.
⟨수동태⟩ I was very much interested by *this camera*.

그런데 불특정한 것에 관해서 '~에 관심이 있다'라고 할 때는 반드시 be interested in ~ 형태로 써야 한다.

I am very much interested in *cameras*. (○)
I am very much interested by cameras. (×)

## 2 'S+V(be동사)+C' 형식에 쓰이는 기타 과거분사

'be동사+과거분사'는 감정이나 상태를 나타내는 경우가 많고 by 이외의 전치사를 사용할 때가 많다. 또한 형태는 수동태이지만, 수동태로 해석하지 않는다.

be pleased with ~(~을 기뻐하다)
be surprised at ~(~에 놀라다)
be delighted with ~(~을 기뻐하다)
be disappointed at ~(~에 실망하다)

## 3 by 이외의 다른 전치사를 쓰는 수동태

수동태에서 행위자를 나타낼 때 동사에 따라 관용적으로 at, with, in, to 등 by 이외의 전치사를 쓰는 경우가 있다. 전치사 다음의 말은 행위의 주체가 아닌 경우가 대부분이다.

The table was covered with cloth.(그 테이블은 테이블보로 덮여 있었다.)
⟨능동태⟩ *Somebody* covered the table with cloth. (○)
         Cloth covered the table. (×)

그 이유는 다음의 〈능동태→수동태〉의 전환에서 알 수 있다.

|  | S | V | O |  |  |
|---|---|---|---|---|---|
| 〈능동태〉 | He | covered | the table | with cloth. |  |
| 〈수동태〉 | The table | was covered | – | with cloth | by him. |

> ※ The mountain will be covered with snow.의 능동태는?
>
> 〈능동태〉 S will cover the mountain with snow.(S가 산을 눈으로 덮을 것이다.)
>
> 능동태의 주어 S에는 '자연의 힘, 초월적인 것'이 와야 하는데 이와 같은 경우 능동태는 부적절하므로 수동태로만 써야 한다. 다만, 특별한 상황에서 Snow를 '자연의 힘'으로 간주해서 Snow will cover the mountain.라고 할 수도 있다.

**4** know의 수동태; be known to ~(~에게 알려져 있다)

〈능동태〉 Everybody knows him.(누구나 그를 알고 있다.)

〈수동태〉 He is known to everybody. (○)

He is known by everybody. (×)

be known by ~는 '~로 알 수 있다'라는 뜻을 나타낸다.

A man is known by the company he keeps.(사람은 사귀는 친구를 보면 알 수 있다.)

## 문장 따라 말하기 연습

### STEP 1  기본 문장 따라 말하기 연습

다음 문장을 듣고, 입에 붙을 때까지 반복해서 소리 내어 따라 말해보세요.

1. **My parents are very much interested in this TV program.**
   부모님은 이 텔레비전 프로그램에 큰 관심이 있다.

2. **I am very much pleased with this Swiss-made watch.**
   나는 이 스위스 시계가 정말 마음에 든다.

3. **He was very much delighted with my words.**
   그는 내 말을 듣고 크게 기뻐했다.

4. **She was very much surprised at the news.**
   그녀는 그 소식을 듣고 매우 놀랐다.

> TV program: 텔레비전 프로그램 / (be) pleased: ~을 기뻐하다, 좋아하다 / Swiss-made: 스위스 제품의 / (be) delighted: ~을 기뻐하다 / (be) surprised: ~에 놀라다

### STEP 2  응용 문장 따라 말하기 연습

다음 문장을 듣고, 입에 붙을 때까지 반복해서 소리 내어 따라 말해보세요.

1. **The mountain will be covered with snow.**
   그 산은 눈으로 덮여 있을 것이다.

2. **The train will be crowded with skiers.**
   그 열차는 스키 타러 가는 사람들로 붐빌 것이다.

3. **The lake will be blocked up with ice.**
   그 호수는 결빙될 것이다.

4. **The theater will be filled with people.**
   그 극장은 사람들로 가득 찰 것이다.

> (be) covered: ~으로 덮이다 / (be) crowded: ~으로 붐비다 / (be) blocked up: ~로 막히다 / (be) filled: ~로 채워지다

UNIT 46 **S+V**(be동사+과거분사)+수식어

# UNIT 47

~되어진
## 과거분사가 쓰인 형식

There are many temples built hundreds of years ago.

🎧 mp3 47-1

A: a foreigner / B: a Korean

- What place would you recommend I visit?
- I'd like to recommend that you visit Gyeongju. It's most famous sight-seeing place in Korea.
- What is it so famous for?
- Well, there are many beautiful temples built hundreds of years ago.
- Oh, I see. Gyeongju might interest me very much, because I'm interested in old buildings. By the way, the oldest building named the Hwaeom Temple is in Gyeongju, isn't it?
- No, it isn't. It's located in a different place called Gurye.

### 본문 해석

A: 어디를 가보면 좋을 것 같아요? / B: 경주에 가보시길 권합니다. 한국에서 가장 유명한 관광지죠. / A: 왜 그렇게 유명한 거죠? / B: 그러니까, 수백 년 전에 지어진 아름다운 절이 많아요. / A: 그렇군요. 나는 옛 건축물에 관심이 있어서 거기가 정말 흥미로울 것 같군요. 그런데 화엄사라는 가장 오래된 건축물도 경주에 있죠? / B: 아뇨, 그건 구례라는 곳에 있어요.

## 문장 형식 분석

| | V | S(명사+과거분사) | 수식어 |
|---|---|---|---|
| There | are | many beautiful temples built hundreds of years ago | (in Gyeongju.) |

many beautiful **temples** built hundreds of years ago

| S(명사+과거분사) | V | 수식어 |
|---|---|---|
| The oldest building named the Hwaeom Temple | is | in Gurye. |

| S | V(be동사+과거분사) | 수식어 |
|---|---|---|
| **It** | **is located** | **in a different place called Gurye.** |

## 문법 해설

### 1 과거분사의 제한적 용법; 명사 수식

분사가 형용사처럼 명사의 앞이나 뒤에서 명사를 수식하는 역할을 하는 것을 제한적 용법이라고 한다. 과거분사는 '~되어진, ~된'이라는 수동의 의미를 나타낸다.

**Beautiful temples** were built **hundreds years ago.**
(아름다운 절들이 수백 년 전에 건축됐다.)

**beautiful temples** built **hundreds of years ago**
(수백 년 전에 건축된 절들)

**The oldest building** is named **the Hwaeom Temple.**
(가장 오래된 건축물은 화엄사라고 불린다.)

**the oldest building** named **the Hwaeom Temple**
(화엄사라 불리는 가장 오래된 건축물)

### 2 제한적 용법의 현재분사와 과거분사의 비교 〈Unit 38〉

1. 현재분사: ~하고 있는, ~하는; 진행·능동의 뜻
   과거분사: ~되어진, ~된; 수동의 뜻
   **the boy** painting **a picture**(그림을 그리고 있는 소년)
   **a picture** painted **by the boy**(소년에 의해 그려진 그림)

2. 수식 방법은 같다
① 현재분사·과거분사가 한 단어일 때: 분사+명사
   **a** sleeping **cat**(자고 있는 고양이)    **a** broken **chair**(망가진 의자)
② 현재분사·과거분사에 수식어가 붙어 있을 때: 명사+분사
   **a cat** sleeping **on the sofa**(소파 위에서 자고 있는 고양이)
   **a chair** broken **to pieces**(산산이 부서진 의자)

## 문장 따라 말하기 연습

### STEP 1 기본 문장 따라 말하기 연습 🔊 mp3 47-2

다음 문장을 듣고, 입에 붙을 때까지 반복해서 소리 내어 따라 말해보세요.

1. **This is a car made in the U.S.A.**
   이것은 미국에서 만들어진 자동차다.

2. **This is a watch made in Switzerland.**
   이것은 스위스에서 만들어진 시계다.

3. **This is a lion caught in Africa.**
   이것은 아프리카에서 잡힌 사자다.

4. **This is a cake backed by my mother.**
   이것은 우리 어머니가 구운 케이크다.

> made〈make(만들다)의 과거분사 / Switzerland: 스위스. Swiss는 형용사. / caught〈catch의 과거분사 / Africa: 아프리카

### STEP 2 응용 문장 따라 말하기 연습 🔊 mp3 47-3

다음 문장을 듣고, 입에 붙을 때까지 반복해서 소리 내어 따라 말해보세요.

1. **English is a language spoken all over the world.**
   영어는 전 세계에서 쓰이는 언어다.

2. **What is the language spoken in Mexico?**
   멕시코에서 쓰이는 언어는 뭐죠?

3. **The stories written by Andersen are loved by most children.**
   안데르센에 의해 쓰인 이야기는 많은 아이들에게 사랑받고 있다.

4. **A man named Mr. Smith called on you this afternoon.**
   오늘 오후 스미스라고 하는 남자가 너를 찾아 왔었다.

> Andersen: 안데르센(덴마크의 동화 작가). / call on ~: (~를) 방문하다 = visit

# 묻기 · 대답하기 연습

해답 287쪽

### STEP 1  기본 문장 묻기·대답하기 연습
🔊 mp3 47-4

다음의 문장을 이용해서 지시에 따라 문장을 만들고 대화 연습을 해 보세요.

> **There are many temples built hundreds of years ago in Gyeongju.**

1. 의문문으로 >>
2. 1.의 대답 >>
3. in New York? >>
4. 3.의 대답; not ~ any >>
5. Where? >>
6. 5.의 대답 >>


### STEP 2  응용 문장 묻기·대답하기 연습
🔊 mp3 47-5

다음의 문장을 이용해서 지시에 따라 문장을 만들고 대화 연습을 해 보세요.

> **English is a language spoken all over the world.**

1. 의문문으로 >>
2. 1.의 대답 >>
3. Korean'? >>
4. 3.의 대답 >>
5. What? >>
6. 5.의 대답 >>

# UNIT 48

…가 ~되는 것을 보다(듣다, 느끼다)

**S+V**(see, hear, feel)**+O+C**(과거분사)

Did you see the man run over by a dump truck?

🔊 mp3 48-1

A: a boy / B: a girl

- I saw a really bad traffic accident yesterday.
- How bad was it?
- It was really horrible. An old man was run over by a dump truck.
- Really? Did you see the man run over by the dump truck?
- Yes, I did. I was horrified.
- Please stop! I don't want to hear any more. I hope I'll never see a man run over by a dump truck or by anything else.

### 본문 해석

A: 어제 정말 끔찍한 교통사고를 봤어. / B: 얼마나 끔찍했는데? / A: 정말 소름끼쳤어. 노인이 덤프트럭에 치었어. / B: 정말이야? 그 노인이 덤프트럭에 치이는 것을 봤어? / A: 그래. 정말 섬뜩했어. / B: 그만 해! 더 이상 듣고 싶지 않아. 덤프트럭이든 뭐든 사람이 치이는 것을 안 봤으면 좋겠어.

## 문장 형식 분석

| S | V | O | C(과거분사) |
|---|---|---|---|
| I | saw | the man | run over by a dump truck. |

I saw the man.
+) The man was run over by a dump truck.
―――――――――――――――――――――――――
I saw the man [ – ] run over by a dump truck.

↳ 분사가 문장에서 주격보어나 목적격보어로 쓰이는 경우를 분사의 서술적 용법이라고 하는데, 5형식문장에서는 목적격보어로 쓰인다. 목적어와 목적격보어가 능동 관계이면 현재분사를 쓰고, 수동 관계이면 과거분사를 쓴다.

## 문법 해설

### 1 제한적 용법과 서술적 용법의 과거분사 비교

S(명사+과거분사)　　　　　　　V　　C
The man run over by a dump truck　was　his uncle.

(덤프트럭에 치인 남자는 그의 삼촌이었다.)

S　V　　　　　　O(명사+과거분사)
I　know　the man run over by a dump truck.

(나는 덤프트럭에 치인 남자를 알고 있다.)

### 2 'S+V(지각동사)+O+C(현재분사, 원형부정사, 과거분사)' 비교

지각동사는 원칙적으로 목적격보어로 원형부정사를 쓰지만, 현재분사나 과거분사를 쓰기도 한다. 목적격보어로 현재분사를 쓰면 원형부정사를 쓸 때보다 진행의 의미가 강조된다. 과거분사는 목적어와 목적격보어가 수동관계일 때 쓴다.

1. 목적격보어가 현재분사인 경우: ~하고 있는 것을 〈Unit 39〉

    I *saw* the man walking on the road.(나는 그 남자가 길을 걷고 있는 것을 보았다.)

2. 목적격보어가 원형부정사인 경우 : ~하는 것을 〈Unit 41〉

    I *saw* the man cross the road.(나는 그 남자가 길을 건너는 것을 보았다.)

3. 목적격보어가 과거분사인 경우: ~되는 것을

    I *saw* the man killed by a car.(나는 그 남자가 차에 치어 죽는 것을 보았다.)

### 3 '동사+부사(전치사와 형태가 같은 부사)'의 용법

'동사+부사' 또는 '동사+전치사' 형태의 동사구는 동사의 성격에 따라 다음과 같은 세 가지 용법이 있다.

1. put on:　He put on his coat. 〈동사+부사+O(명사)〉
　　　　　　He put it on. 〈동사+O(대명사)+부사〉
2. see off:　I saw my uncle off at the station.
　　　　　　I saw him off at the station. 〈동사+O(명사, 대명사)+부사〉
3. run over:　The dump truck ran over the old man.
　　　　　　The dump truck ran over him. 〈동사+부사+O(명사, 대명사)〉

## 문장 따라 말하기 연습

### STEP 1 기본 문장 따라 말하기 연습
🔊 mp3 48-2

다음 문장을 듣고, 입에 붙을 때까지 반복해서 소리 내어 따라 말해보세요.

1. **I saw the big tree cut down.**
   나는 큰 나무가 베어 넘어지는 것을 보았다.

2. **I saw the old house torn down.**
   나는 낡은 집이 헐리는 것을 보았다.

3. **I saw a dog beaten by a boy.**
   나는 개가 소년에게 구타당하는 것을 보았다.

4. **I saw a taxi smashed up by a dump truck.**
   택시가 덤프트럭에 들이받히는 것을 보았다.

> cut down〈cut down(베어 넘기다)의 과거분사〈cut-cut-cut / torn down〈tear down(헐다)의 과거분사〈tear-tore-torn / beaten〈beat(치다, 때리다)의 과거분사〈beat-beat-beaten / smashed up〈 smash up(박살나다)의 과거분사

### STEP 2 응용 문장 따라 말하기 연습
🔊 mp3 48-3

다음 문장을 듣고, 입에 붙을 때까지 반복해서 소리 내어 따라 말해보세요.

1. **I heard the door being locked up.**
   나는 문이 잠기는 소리를 들었다.

2. **I heard my name called out from behind me.**
   나는 뒤에서 내 이름이 불리는 소리를 들었다.

3. **I found my picture pinned up on the wall.**
   나는 내 사진이 벽에 붙여진 것을 발견했다.

4. **I felt myself touched by somebody.**
   나는 누가 나를 살짝 건드리는 것을 느꼈다.

> lock up: 열쇠를 채우다 / call out: ~을 부르다 / pin up: (못 등으로) 붙이다, (벽에) 걸다 / touched〈touch(대다, 만지다)의 과거분사

PART 2 문장의 5형식 활용 연습

# 묻기·대답하기 연습

해답 288쪽

### 기본 문장 묻기·대답하기 연습
mp3 48-4

다음의 문장을 이용해서 지시에 따라 문장을 만들고 대화 연습을 해 보세요.

> **I saw an old man run over by a dump truck.**

1. 의문문으로 >>
2. 1.의 대답 >>
3. by a taxi? >>
4. 3.의 대답 >>
5. By what? >>
6. 5.의 대답 >>

### 응용 문장 묻기·대답하기 연습
mp3 48-5

다음의 문장을 이용해서 지시에 따라 문장을 만들고 대화 연습을 해 보세요.

> **I heard the door being locked up.**

1. 의문문으로 >>
2. 1.의 대답 >>
3. the locker? >>
4. 3.의 대답 >>
5. What? >>
6. 5.의 대답 >>

# UNIT 49

S는 ~했다

**S+V**(have+과거분사)**+O**  〈현재완료: 완료〉

I have finished all my homework.

🎵 mp3 49-1

A: a boy / B: his mother

- May I turn on the television, father? I'd like to watch my favorite program.
- What sort of program is that?
- It's a music program.
- Do you mean that noisy one?
- Yes, but it isn't noisy at all to my ears.
- Well, have you finished all your homework?
- No, not yet. I still have some more work to do.
- After you have finished all your homework, you can watch television as much as you like. But you can't now.

✎ 본문 해석

A: 아빠, 텔레비전 틀어도 돼요? 아주 좋아하는 프로그램을 보려고요. / B: 어떤 프로그램인데? / A: 음악 프로그램이에요. / B: 그 시끄러운 프로그램을 말하는 거니? / A: 네, 그런데 하나도 시끄럽지 않아요. / B: 알겠다, 숙제는 다 했니? / A: 아뇨, 아직 못 했어요. 아직 조금 남아 있어요. / B: 숙제를 전부 하고나서 네 마음대로 보아도 좋다. 하지만 지금은 안 돼.

## 문장 형식 분석

| S | V(현재완료) | O |
|---|---|---|
| I | have finished | all my homework. |

| After you have finished all your homework, | + | you can watch television. |
|---|---|---|
| 현재완료가 쓰인 종속절 | | 주절 |

♪ 접속사 after는 '~한 후에'라는 의미. 주절과 종속절의 순서를 바꿔도 상관없다.

# 문법 해설

## 1 현재완료; 동작의 완료

〈형태〉 have(has)+(just)+과거분사: (방금) ~했다

이 용법은 과거에 시작한 동작이 현재 완료된 상황을 나타낸다. 우리말에는 영어의 현재완료와 같은 어법이 없으므로 '~했다, 막 ~했다, 방금 ~했다'와 같이 각각의 장면에 따라 구별해서 쓰면 된다.

〈긍정문〉 I have+과거분사 / He has+과거분사
〈부정문〉 I haven't +과거분사 / He hasn't+과거분사
〈의문문〉 Have you+과거분사? / Has he+과거분사?
〈대답〉　 Yes일 때: Yes, I have. / Yes, he has.
　　　　 No일 때: No, I haven't. / No, he hasn't.

기대했던 것보다 일찍 벌어진 일을 말할 때 긍정문에는 현재완료시제에 already를 함께 쓰고, 의문문에는 현재완료시제에 yet을 함께 쓴다. yet은 의문문과 부정문에만 쓰이며 already가 현재완료시제의 의문문에 쓰이면 의외·놀람의 뜻을 나타낸다.

〈긍정문〉 I have just finished it.(방금 ~했다.)
　　　　 I have already finished it.(이미 ~했다.)
〈부정문〉 I haven't finished it yet.(아직 ~하지 않았다.)
〈의문문〉 Have you just finished it?(방금 ~했어요?)
　　　　 Have you finished it yet?(이제 다 ~했어요?)
　　　　 Have you finished it already?(벌써 ~했어요?)
　　　　 Haven't you finished it yet?(아직 ~하지 못했어요?)

## 2 현재완료가 나타내는 시간

현재완료가 나타내는 시간은 현재이므로 명확한 과거를 나타내는 말(yesterday, last week, three years ago)과는 함께 쓸 수 없다.

I have finished my homework last night. (×)
I finished my homework *last night*. (○)

just는 현재완료에, just now는 과거시제에 쓰인다.

I have finished it just now. (×)
I finished it *just now*. = I have just finished it. (○)

※ 현재를 포함하는 시간을 나타내는 부사인 today, this month, this morning이나 already, lately(최근), recently(최근) 등은 현재완료와 함께 쓰인다.

UNIT 49 **S+V**(have+과거분사)**+O**

## 문장 따라 말하기 연습

### STEP 1  기본 문장 따라 말하기 연습

다음 문장을 듣고, 입에 붙을 때까지 반복해서 소리 내어 따라 말해보세요.

1. **I have just read this book.**
   나는 이제 막 이 책을 다 읽었다.

2. **I have just eaten my lunch.**
   나는 이제 막 점심을 다 먹었다.

3. **She has just written her letter.**
   그녀는 이제 막 편지를 다 썼다.

4. **He has just finished half of his homework.**
   그는 이제 막 숙제의 반을 끝냈다.

> read〈read의 과거분사.〈read-read-read / eaten〈eat의 과거분사.〈eat-ate-eaten /
> written〈write의 과거분사.〈write-wrote-written / half of ~: ~의 반

### STEP 2  응용 문장 따라 말하기 연습

다음 문장을 듣고, 입에 붙을 때까지 반복해서 소리 내어 따라 말해보세요.

1. **You may go out after you've finished your homework.**
   너는 숙제를 끝마치고 나서 외출해도 좋다.

2. **You may turn on the television after you've finished your dinner.**
   너는 저녁을 먹고 나서 텔레비전을 틀어도 좋다.

3. **You may go to bed after you've finished your preparation for tomorrow's lessons.**
   너는 내일 수업의 예습을 끝내고나서 자러 가도 좋다.

> may: ~해도 좋다 / preparation for tomorrow's lessons: 내일 수업의 예습 / preparation: 준비

# 묻기·대답하기 연습

해답 288쪽

 **기본 문장 묻기·대답하기 연습**

다음의 문장을 이용해서 지시에 따라 문장을 만들고 대화 연습을 해 보세요.

> **I've finished half of my homework.**

1. 의문문으로 >>
2. 1.의 대답 >>
3. all? >>
4. 3.의 대답 >>
5. How much of ~? >>
6. 5.의 대답 >>

 **응용 문장 묻기·대답하기 연습**

다음의 문장을 이용해서 지시에 따라 문장을 만들고 대화 연습을 해 보세요.

> **You can watch television after you've finished all your homework.**

1. 의문문으로 >>
2. 1.의 대답 >>
3. after I've finished half of my homework? >>
4. 3.의 대답 >>
5. When? >>
6. 5.의 대답 >>

# UNIT 50

S는 ~했다
**S+V**(have+과거분사)**+수식어** 〈현재완료: 결과〉
Tom hasn't come to school this morning.

🎧 mp3 50-1

A: a teacher / B: a student

- Is everybody here this morning?
- Tom hasn't come to school this morning.
- Hasn't he come this morning?
- No, he hasn't. This morning when I dropped in at his house on my way to school, I found him sick in bed.
- What's wrong with him?
- His mother said to me, "Tom has caught a very bad cold." So I'm afraid he won't be able to come for a couple of days.
- Oh, that's too bad. I hope he'll soon get better.

### 본문 해석

A: 오늘 다 나왔니? / B: 오늘 톰이 안 나왔어요. / A: 톰이 안 나왔어? / B: 네. 오늘 오는 길에 그의 집에 들렀더니 아파서 누워 있었어요. / A: 톰이 어디가 안 좋은 거니? / B: 그의 어머니가 '톰은 심한 감기에 걸렸어.'라고 하셨어요. 그래서 며칠 학교에 오지 못할 것 같은데요. / A: 그거 안됐구나. 빨리 나았으면 좋겠다.

## 문장 형식 분석

| S | V(현재완료) | 수식어 | 수식어(시간) |
|---|---|---|---|
| Tom | hasn't come | to school | this morning. |

| S | V(현재완료) | O |
|---|---|---|
| Tom | has caught | a very bad cold. |

PART 2 문장의 5형식 활용 연습

# 문법 해설

## 1 현재완료의 용법: 결과

〈형태〉 have(has)+과거분사: ~했다 (그 결과 지금은 ~다)

1. **He has gone home.**(그는 집에 갔다.)

'그는 집에 가서 지금 여기 없다'(=He went home, so he is not here now.)는 상황을 나타내는 현재완료로 동작의 완료 보다는 가서 없다는 결과를 나타낸다. 따라서 have gone to ~는 1인칭, 2인칭을 주어로 쓸 수 없다.

2. **He has broken a window today.**(오늘 그는 창문을 깼다.)

결과를 나타내는 현재완료의 전형적인 표현으로 today라는 현재 시점에서 창문을 깬 동작의 결과적인 상황을 나타내고 있다. 깨진 창은 깨진 채로 그대로 있는 것이 보통이다.

3. **He has caught a bad cold.**(그는 심한 감기에 걸렸다.)

'심한 감기에 걸려 아직 그 감기가 낫지 않았다'(=He caught a bad cold, and still has it.)라는 상황을 나타내는 현재완료이다.

## 2 have been to ~: ~에 갔다 왔다〈완료〉, ~에 가본 적이 있다〈경험〉

He has been to Thailand.(태국에 가본 적이 있다.) 〈경험〉
I have just been to a supermarket.(지금 막 슈퍼에 갔다 왔다.) 〈완료·결과〉
He has gone to Thailand.(태국에 갔다. 그래서 지금 여기 없다.) 〈완료·결과〉

## 3 현재완료의 수동태

| 〈현재완료〉 | have+ 과거분사 |
| 〈수동태〉 +) | be동사 + 과거분사 |
| 〈현재완료 수동태〉 | have + been + 과거분사 |

I have just painted this picture. 〈완료〉
〈수동태〉 This picture has just been painted by me.

He has broken the window today. 〈결과〉
〈수동태〉 The window has been broken by him today.

# 문장 따라 말하기 연습

### STEP 1  기본 문장 따라 말하기 연습   ◁: mp3 50-2

다음 문장을 듣고, 입에 붙을 때까지 반복해서 소리 내어 따라 말해보세요.

1. **He has gone home.**
   그는 퇴근했다.

2. **He has gone to America.**
   그는 미국에 갔다.

3. **Our teacher hasn't come to school today.**
   우리 선생님은 오늘 학교에 나오지 않으셨다.

4. **The computer programmer hasn't come to the office this morning.**
   오늘 아침 그 컴퓨터 프로그래머는 출근하지 않았다.

> gone〈 go의 과거분사.〈go-went-gone / office: 사무실

### STEP 2  응용 문장 따라 말하기 연습   ◁: mp3 50-3

다음 문장을 듣고, 입에 붙을 때까지 반복해서 소리 내어 따라 말해보세요.

1. **The train has left the station.**
   그 열차는 역을 떠났다.

2. **The student has broken a window today.**
   오늘 그 학생이 창문을 깼다.

3. **My father has bought a new car now.**
   아버지가 새 자동차를 사셨다.

4. **The girl has recently become a late riser.**
   최근 그 소녀는 늦잠꾸러기가 되었다.

> left〈leave(떠나다)의 과거분사.〈 leave-left-left / broken〈break(부수다)의 과거분사. / bought〈buy(사다)의 과거분사 / recently: 최근 / become〈become(~이 되다)의 과거분사. 〈become-became-become / late riser: 잠꾸러기. early riser(일찍 일어나는 사람)

# 묻기 · 대답하기 연습

해답 289쪽

### STEP 1 기본 문장 묻기·대답하기 연습
mp3 50-4

다음의 문장을 이용해서 지시에 따라 문장을 만들고 대화 연습을 해 보세요.

> **My uncle has gone to America.**

1. 의문문으로 >>
2. 1.의 대답 >>
3. to England? >>
4. 3.의 대답 >>
5. Where? >>
6. 5.의 대답 >>

### STEP 2 응용 문장 묻기·대답하기 연습
mp3 50-5

다음의 문장을 이용해서 지시에 따라 문장을 만들고 대화 연습을 해 보세요.

> **Tom hasn't come to school this morning.**

1. 의문문으로 >>
2. 1.의 대답 >>
3. Jack? >>
4. 3.의 대답; Yes, >>
5. Who hasn't ~ ? >>
6. 5.의 대답 >>

UNIT 50 **S+V**(have+과거분사)+수식어

# UNIT 51

S는 …을 ~해본 적이 있다
**S+V**(have+과거분사)**+O** 〈현재완료: 경험〉
I've never heard such beautiful jazz.

🎵 mp3 51-1

- Have you ever heard jazz?
  [évər] 지금까지  [ha:rd] hear(듣다)의 과거분사
- Yes, I have. But I don't like it very much.
- Why don't you like jazz?
- Because it is too noisy.
- I'm afraid you're wrong. All jazz isn't so noisy. Just listen to this.
  all ~ not(전부부정사) / ~하지는 않다
- Is this really jazz?
- Yes, it really is. What do you think of this?
- It's just like a symphony. I've never heard such beautiful jazz.
  [símfəni] 교향곡       [névər] 한 번도 ~않다 ( not+ever )
- Well, then, I think you'd better listen to more of jazz.
  had better(조동사) ~해야 한다
- Yes, I will.

### 본문 해석

A: 재즈 들어 본 적 있어? / B: 있어. 그런데 그다지 좋아하지 않아. / A: 왜 좋아하지 않는 거니? / B: 너무 시끄러워서. / A: 그렇지 않아. 재즈가 전부 시끄러운 것은 아니야. 이것 좀 들어 봐. / B: 이게 정말 재즈니? / A: 그래. 어때? / B: 교향곡 같아. 이렇게 아름다운 재즈는 들어 본 적이 없어. / A: 그럼, 너는 재즈를 더 많이 들어봐야 할 것 같아. / B: 그래, 그럴게.

## 문장 형식 분석

| S | V(현재완료) | O |
|---|---|---|
| I | have never heard | such beautiful jazz. |

| S | V(현재완료) | O | C(원형부정사) |
|---|---|---|---|
| I | have (sometimes) seen | a dog | swim. |

## 문법 해설

### 1 현재완료의 용법: 경험

〈형태〉 have+( )+과거분사: (한 번/가끔/자주) ~한 적이 있다
└ once/sometimes/often

| | |
|---|---|
| 〈부정문〉 | have+never+과거분사: 한 번도 ~한 적이 없다 |
| 〈의문문〉 | Have you ever+과거분사?: 지금까지 ~한 적이 있나요? |
| 〈질문과 대답〉 | Have you ever read this book? |
| 〈Yes일 때〉 | Yes, I have. I have (–) read it. |
| | I have ever read it. (×) |
| 〈No일 때〉 | No, I haven't.   I haven't read it. |
| | No, I never have.   I have never read it. |

### 2 had better의 용법

〈형태〉 had better+동사원형: ~해야 한다

had better는 조동사처럼 쓰여 충고를 하거나 강력히 추천할 때 쓴다. 형태는 과거이지만 의미는 현재나 미래를 나타내며 '~하는 게 좋다'라는 의미보다는 '~해야만 한다'라는 의미에 가깝다. had better는 should나 ought to보다 의미가 강하다.

We had better leave her alone.
(그녀를 그냥 놔둬야 한다.)

had better의 부정은 had better 다음에 not을 붙인다. 보통 had better는 의문문으로 만들지 않는다. 의문문에서는 대개 should를 쓴다.

You had better *not* run if you have just eaten.
(밥을 방금 먹었다면 뛰지 말아야 한다.)

Should I go and tell her it was my fault?
(그녀에게 가서 그것은 내 잘못이라고 말해야 하니?)

– You'd better, or I will.(그래야만 해, 그러지 않으면 내가 할게.)

**3** He has been to America.는 경험을 나타내는가, 완료를 나타내는가?

① 완료: 그는 미국에 갔다 왔다.
② 경험: 그는 미국에 가본 적이 있다.

전후관계가 없는 경우에는 완료를 나타내는지 경험을 나타내는지 구별할 수 없다. 따라서 구별을 하고 싶을 때는 ①은 just / recently, ②는 once/twice, two times / several times / often, many times 등의 부사를 사용한다.

① He has *recently* been to America.(최근에 미국에 갔다 왔다.)
② He has *often* been to America.(미국에 자주 가본 적이 있다.)
   He has been to America *many times*.

**4** before를 현재완료에 쓸 수 있는가?

현재완료는 막연한 과거의 어느 시점부터 현재까지 일어난 일을 나타내기 위한 것으로 그 일에 정확히 언제 일어났는지는 나타내지 않는다. 따라서 yesterday / last year / several months ago 같은 분명한 과거를 나타내는 부사와는 함께 쓸 수 없지만, before와 같이 막연한 과거의 시점을 나타내는 부사와는 함께 쓸 수 있다. 분명한 과거를 나타내는 말이 있을 때는 과거시제를 써야 한다.

I have met him *before.* / I have never met him *before.* (○)
I have met him last year. (×)
I have met him several months ago. (×)

## 문장 따라 말하기 연습

### STEP 1 기본 문장 따라 말하기 연습

다음 문장을 듣고, 입에 붙을 때까지 반복해서 소리 내어 따라 말해보세요.

1. **Have you ever seen a Western movie?**
   서부영화를 본 적이 있어요?

2. **Have you ever climbed Mt. Everest?**
   에베레스트 산을 등반해 본 적 있어요?

3. **Have you ever had a ride in an airplane?**
   비행기를 타 본 적이 있어요?

4. **I've never heard such beautiful music.**
   나는 그렇게 아름다운 음악을 들어 본 적이 없다.

5. **I've never seen such a beautiful flower.**
   나는 그렇게 아름다운 꽃을 본 적이 없다.

6. **I've never read such an interesting story.**
   나는 그렇게 재미있는 이야기를 읽어 본 적이 없다.

> Western movie: 서부영화 / climb(ed): 등반하다 / have a ride in ~: ~을 타다

### STEP 2 응용 문장 따라 말하기 연습

다음 문장을 듣고, 입에 붙을 때까지 반복해서 소리 내어 따라 말해보세요.

1. **I've met him somewhere before.**
   나는 전에 그를 어디선가 만난 적이 있다.

2. **He has once been to America.**
   그는 한 번 미국에 가본 적이 있다.

3. **I've sometimes seen a dog swim.**
   나는 가끔 개가 헤엄치는 것을 본 적이 있다.

> somewhere: 어디선가 / before: 전에, 이전

# UNIT 52

S는 …을 ~하고 있다
**S+V**(have+과거분사)**+O** 〈현재완료: 계속〉
I've had this cold for three weeks.

🔊 mp3 52-1

- What's the matter with you? You're coughing.
- Yes, I have a cold.
- When did you catch it?
- I caught it at the beginning of this month. That means I've had this cold for three weeks.
- Have you had it for such a long time?
- Yes, I have. I tried everything, but I can't get rid of it. My doctor says it's just a cold, but I'm afraid it isn't just a cold.
- Yes, it is. I believe you have just a cold, because many students in my class have been absent with colds since the middle of this month.

### 본문 해석

A: 괜찮니? 기침을 하는데. / B: 그래, 감기 걸렸어. / A: 언제 감기에 걸렸어? / B: 이달 초에. 그러니까 이번 감기가 3주 계속이라는 말이지. / A: 그렇게나 오래 됐어? / B: 그래. 다 해 봤는데 낫지가 않아. 의사선생님은 단순한 감기라고 하는데 감기가 아닌 것 같아 걱정이야. / A: 감기야. 그냥 감기일 거야. 우리 반에도 이달 중순부터 감기로 결석하는 학생이 많으니까.

## 문장 형식 분석

| S | V(현재완료) | O | 수식어(시간) |
|---|---|---|---|
| I | have had | this cold | for three weeks. |

| S | V(현재완료) | C(형용사) | 수식어(시간) |
|---|---|---|---|
| They | have been | absent | since the middle of this month. |

## 문법 해설

### 1 현재완료의 용법; 계속

과거 어느 시점부터 현재까지 계속되고 있는 동작이나 상태를 나타낸다. 이 용법은 always(항상), for(~동안), since(~이래로) 등과 같은 기간을 나타내는 부사(구·절)와 함께 쓰는 것이 보통이다. 또한 현재완료로 계속의 의미를 나타내는 것은 be, live, know, want 등의 원래 계속의 의미를 가진 상태를 나타내는 동사이다.

〈형태〉 have+과거분사: (과거부터 계속해서) ~해 왔다
　　　　└─ have, know, live, like, want, keep 등 상태 동사의 과거분사

　　　　have+been+형용사: (과거부터 계속해서) ~ 상태이다

　〈비교〉 He was sick last week. 〈과거〉
　　　　He has been sick since last week. 〈현재완료; 계속〉

　　　　have+been+(전치사+명사): (과거부터 계속해서) ~에 있다

　〈비교〉 He was in the room an hour ago. 〈과거〉
　　　　He has been in the room for an hour. 〈현재완료; 계속〉

계속된 기간을 물을 때는 How long ~?을 쓴다.
How long have you been married?(결혼한 지 얼마나 됐어요?)

※ 과거의 어느 시점부터 현재까지 동작이 계속되고 있다는 것을 나타낼 때는 현재완료진행형(have(has) been+현재분사)을 쓴다. 상태동사처럼 진행형이 불가능한 동사는 현재완료진행형으로 쓸 수 없다. 〈Unit 53〉

### 2 for와 since의 구별

for는 '기간'을 나타내므로 ~ years, a long time 등과 쓰일 때가 많고, since는 '기점'을 나타내어 연도나 과거를 나타내는 말(yesterday, last year 등)과 함께 쓰인다.

He has been sick for two days.(이틀 동안 / 이틀 전부터)
He has been sick since the day before yesterday.(그저께부터)

> ※ '…한지 ~년 된다'라는 표현
> We have been married for ten years.(우리는 결혼한 지 10년 된다.)
> = Ten years have passed since we got married.
> = It is(has been) ten years since we got married.

## 문장 따라 말하기 연습

### STEP 1 기본 문장 따라 말하기 연습 🎧 mp3 52-2

다음 문장을 듣고, 입에 붙을 때까지 반복해서 소리 내어 따라 말해보세요.

1. **He has been absent for a long time.**
   그는 오랫동안 계속 결석하고 있다.

2. **He has been busy for a week.**
   그는 일주일 전부터 계속 바쁘다.

3. **He has been sick since yesterday.**
   그는 어제부터 계속 아프다.

4. **He has been in the hospital since last week.**
   그는 지난주부터 계속 입원해 있다.

> busy: 바쁜 / in the hospital: 입원해 (있는)

### STEP 2 응용 문장 따라 말하기 연습 🎧 mp3 52-3

다음 문장을 듣고, 입에 붙을 때까지 반복해서 소리 내어 따라 말해보세요.

1. **I've had my cold since the beginning of this month.**
   나는 이달 초부터 계속 감기에 걸려 있다.

2. **I've lived here for about three years.**
   나는 약 3년 전부터 계속 여기 살고 있다.

3. **I've wanted this type of camera for a long time.**
   나는 오래 전부터 이런 카메라를 갖고 싶었다.

4. **I've known him since I was a child.**
   나는 어릴 때부터 그와 알고 지내고 있다.

> this type of ~: 이런 형의 ~ / known〈know의 과거분사. 〈 know-knew-known

PART 2 문장의 5형식 활용 연습

# 묻기·대답하기 연습

해답 289쪽

 **기본 문장 묻기·대답하기 연습**  mp3 **52-4**

다음의 문장을 이용해서 지시에 따라 문장을 만들고 대화 연습을 해 보세요.

> **I've had my cold since the beginning of this month.**

1. 의문문으로 >>
2. 1.의 대답 >>
3. since the middle of this month? >>
4. 3.의 대답 >>
5. How long? >>
6. 5.의 대답 >>

 **응용 문장 묻기·대답하기 연습**  mp3 **52-5**

다음의 문장을 이용해서 지시에 따라 문장을 만들고 대화 연습을 해 보세요.

> **I've known him since I was a child.**

1. 의문문으로 >>
2. 1.의 대답 >>
3. since you were born? >>
4. 3.의 대답 >>
5. How long? >>
6. 5.의 대답 >>

# UNIT 53

S는 ~하고 있다

**S+V**(have+been+현재분사)**+수식어** 〈현재완료진행〉

**I've been skiing for many years.**

🎧 mp3 53-1

- Have you ever been skiing?
- Yes, I have. I've often been skiing.
- How many times have you been skiing?
- I don't know, but I've been skiing for many years.
- Oh, have you? Then you are a good skier, aren't you?
- Well, I think I am.
- Did you begin to ski when you were a child?
- Yes, I did. I've been skiing since I was six years old.

### 본문 해석

A: 스키 타 본 적 있어? / B: 그래. 자주 타 봤어. / A: 몇 번이나 스키 타 본 적 있어? / B: 그건 잘 모르지만 여러 해 동안 스키 타고 있어. / A: 그래? 그럼 스키를 잘 타지? / B: 그런 것 같아. / A: 어렸을 때부터 스키 타기 시작했니? / B: 그래. 6살 때부터 계속 스키 타고 있어.

## 문장 형식 분석

| S | V(현재완료진행형) | 수식어(시간) |
|---|---|---|
| I | have been skiing | for many years.<br>since I was six years old. |

PART 2 문장의 5형식 활용 연습

## 문법 해설

### 1 현재완료진행형; 계속

'지금까지 계속 ~하고 있다'라는 뜻으로 과거 어느 시점부터 현재까지 동작이 계속 진행되고 있다는 것을 나타내며 기간을 나타내는 부사구와 함께 쓰기도 한다. 상태를 나타내는 동사는 진행형이 불가능하므로 현재완료진행형으로 쓸 수 없다.

〈형태〉 have been+-ing(현재분사): (지금까지 계속) ~하고 있다
└ 동작을 나타내는 동사의 현재분사

〈현재완료형〉 have+ 과거분사
〈진행형〉 +) be동사 +-ing(현재분사)
─────────────────────
have+been +-ing(현재분사)

> ※ 진행형을 쓸 수 없는 동사
> 계속적인 상태를 나타내는 동사: be, have(소유하다), belong 등
> 지각이나 심리상태를 나타내는 동사: know, like, see, hear, hope, feel 등

I have known him since I was a child. (○) 〈know는 상태 동사〉
I have been knowing him since I was a child. (×)
I have been waiting for an hour. (○) 〈wait는 동작 동사〉
I have waited for an hour. (×)
I have lived here for a long time. (○) 〈live는 상태와 동작 동사〉
I have been living here for a long time. (○)

### 2 동작을 나타내는 동사를 현재완료로 하면 행위의 완료를 나타내는 게 되므로 동작의 계속을 나타내기 위해서는 현재완료진행형을 써야 한다.

He has been writing a letter nearly two hours.(두 시간 동안 편지를 쓰고 있다.) 〈계속〉
He has just written a letter.(이제 막 편지를 다 썼다.) 〈완료〉

## 문장 따라 말하기 연습

### STEP 1  기본 문장 따라 말하기 연습
다음 문장을 듣고, 입에 붙을 때까지 반복해서 소리 내어 따라 말해보세요.

1. **I began to study English two years ago.**
   나는 2년 전에 영어를 배우기 시작했다.

2. **I have been studying English for two years.**
   나는 2년 동안 영어를 배우고 있다.

3. **He began to watch television an hour ago.**
   그는 1시간 전에 텔레비전을 보기 시작했다.

4. **He has been watching television for an hour.**
   그는 1시간 동안 텔레비전을 보고 있다.


### STEP 2  응용 문장 따라 말하기 연습
다음 문장을 듣고, 입에 붙을 때까지 반복해서 소리 내어 따라 말해보세요.

1. **It's been snowing steadily since last night.**
   지난밤부터 계속 눈이 내리고 있다.

2. **I've been waiting an hour for the next bus.**
   나는 다음 버스를 1시간 동안 기다리고 있다.

3. **She's been shopping downtown all this while.**
   그녀는 여태까지 시내에서 쇼핑하고 있다.

4. **I've been trying hard to be good at speaking English.**
   나는 영어회화를 잘 하려고 열심히 노력하고 있다.

---

snowing〈 snow(눈이 오다) / steadily: 꾸준히 / have been shopping〈 go shopping(쇼핑하러 가다) / **all this while**: 지금까지 계속 = all this time

# 묻기 · 대답하기 **연습**

해답 290쪽

 **기본 문장 묻기·대답하기 연습**

다음의 문장을 이용해서 지시에 따라 문장을 만들고 대화 연습을 해 보세요.

> **I've been studying English for two years.**

1. 의문문으로 >>
2. 1.의 대답 >>
3. for three years? >>
4. 3.의 대답 >>
5. How many years? >>
6. 5.의 대답 >>

 **응용 문장 묻기·대답하기 연습**

다음의 문장을 이용해서 지시에 따라 문장을 만들고 대화 연습을 해 보세요.

> **I've been skiing since I was six years old.**

1. 의문문으로 >>
2. 1.의 대답 >>
3. since you were three years old? >>
4. 3.의 대답 >>
5. How long? >>
6. 5.의 대답 >>

# UNIT 54

너무 …해서 ~ / 너무 …해서 ~할 수 없다

## so ... that ~ / too ... to ~

He is so old that he cannot work.

🔊 mp3 54-1

Our English teacher wanted us to combine the following two sentences into one using some other words.

One of the sentences was *He is very old* and the other was *He cannot work*.

A student answered, "The sentence will be *He is so old that he cannot work.*"

Another student answered, "I think the sentence should be *He is too old to work.*"

The rest of the class had no idea of which one to choose.

The teacher said at last, "They are both correct."

### 본문 해석

영어 선생님이 다음 두 문장을 다른 말을 사용해서 하나의 문장으로 합하라고 하셨다. / 하나는 He is very old.이고 다른 하나는 He cannot work.이었다. / 한 학생이 'He is so old that he cannot work.일 겁니다.'라고 대답했다. / 또 다른 학생은 'He is too old to work.일 것 같아요.'라고 대답했다. / 나머지 학생들은 어떤 문장을 선택해야 할지 전혀 몰랐다. / 결국 선생님은 '둘 다 맞다.'고 하셨다.

## 문장 형식 분석

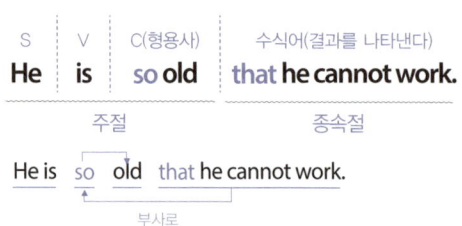

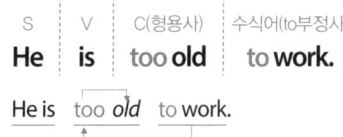

He is *too old* to work.
   ↑
  부사로

## 문법 해설

### 1 so ... that ~과 too ... to ~ 용법 비교

1. so ... that ~
that절의 내용은 긍정이든 부정이든 관계없다.
**This book is so difficult that I cannot read it.** 〈부정〉
**This book is so easy that I can read it.** 〈긍정〉

that절은 종속절이므로 목적어가 필요한 동사는 목적어를 써 주어야 한다.
This book is so difficult that I cannot read it.

2. too ... to ~
to부정사의 내용은 '~할 수 없다'라는 부정이 되고 부정사의 목적어는 주어와 같으면 필요 없다.
This book is too difficult to read [ ]. 〈Unit 22〉

### 2 so ... that ~과 so that ... may(can) ~

**He got up so early that he could catch the train.**   매우 …여서 ~했다
〈의미의 방향: 앞 → 뒤〉 that 이하가 결과를 나타낸다.

**He got up early so that he could catch the train.**   ~하기 위해 …했다
〈의미의 방향: 뒤 → 앞〉 that 이하가 목적을 나타낸다.

### 3 too ... for - to ~; 부정사의 의미상의 주어

의미상으로 부정사의 주어 역할을 하는 것을 부정사의 의미상의 주어라고 한다. 부정사의 의미상의 주어와 문장의 주어가 다른 경우 일반적으로 'for+목적격'을 부정사 앞에 쓴다.
**The water is *too* cold for him *to* drink.**(그 물은 너무 차가워서 그는 마실 수 없다.)

# 문장 따라 말하기 연습

### 기본 문장 따라 말하기 연습
🔊 mp3 54-2

다음 문장을 듣고, 입에 붙을 때까지 반복해서 소리 내어 따라 말해보세요.

1. **This book is so difficult that I cannot read it.**
   그 책은 너무 어려워서 나는 읽을 수 없다.

2. **This road is so narrow that my car cannot go through it.**
   이 도로는 너무 좁아서 내 차가 지나갈 수 없다.

3. **He spoke English so fast that we couldn't follow him.**
   그가 영어를 너무 빨리 말해서 우리는 이해할 수 없었다.

4. **He ran away so quickly that I couldn't catch him.**
   그가 너무 빨리 달아나서 나는 그를 잡을 수 없었다.

> narrow: 좁은. wide, broad(넓은) / through ~: ~을 통과하여 / go through ~: ~을 빠져나가다 / fast: 빠르게 / follow: 〈의문문·부정문에서〉 이해하다 / ran away〈run away(도주하다)의 과거형〉 / quickly=fast

### 응용 문장 따라 말하기 연습
🔊 mp3 54-3

다음 문장을 듣고, 입에 붙을 때까지 반복해서 소리 내어 따라 말해보세요.

1. **This book is too difficult for me to read.**
   이 책은 너무 어려워서 나는 읽을 수 없다.

2. **This road is too narrow for my car to go through.**
   이 길은 너무 좁아서 내 차가 지나 갈 수 없다.

3. **He spoke English too fast for us to follow him.**
   그가 영어를 너무 빨리 말해서 우리는 알아들을 수 없었다.

4. **He ran away too quickly for me to catch him.**
   그가 너무 빨리 달아나서 나는 그를 잡을 수 없었다.

# 묻기 · 대답하기 연습

해답 290쪽

### STEP 1 기본 문장 묻기 · 대답하기 연습

🔊 mp3 **54-4**

다음의 문장을 이용해서 지시에 따라 문장을 만들고 대화 연습을 해 보세요.

---

**This book is so difficult that I cannot read it.**

---

1. 의문문으로 >>
2. 1.의 대답 >>
3. so easy that you can read it? >>
4. 3.의 대답 >>
5. How difficult? >>
6. 5.의 대답 >>


### STEP 2 응용 문장 묻기 · 대답하기 연습

🔊 mp3 **54-5**

다음의 문장을 이용해서 지시에 따라 문장을 만들고 대화 연습을 해 보세요.

---

**This book is too difficult for me to read.**

---

1. 의문문으로 >>
2. 1.의 대답 >>
3. easy enough? >>
4. 3.의 대답 >>
5. How difficult? >>
6. 5.의 대답 >>

# UNIT 55 시제 일치가 필요한 형식

## She promised that she would go skating with us.

🎧 mp3 55-1

- Jane hasn't come yet, has she?
- No, she hasn't.
- Did she really promise she would go skating with us this afternoon?
- Yes, she did. She said she would be here right on time.
- Now it's time for us to meet here, isn't it?
- Yes, it is. So I'm wondering what has happened to her.
- I wonder if she has forgotten to come here.
- No, I don't want to think so, because she has never failed to keep her promise.

### 본문 해석

A: 제인 아직 안 왔지? / B: 그래. / A: 제인이 오늘 오후에 같이 스키 타러 가겠다고 정말 약속했니? / B: 그래. 시간에 맞춰 여기 온다고 했어. / A: 이제 모일 시간이지? / B: 그래. 그래서 그런데 제인한테 무슨 일이 있는 건 아닐까. / A: 여기 오는 걸 잊어버린 게 아닐까. / B: 아니, 난 그렇게 생각하지 않아, 제인은 반드시 약속을 지켰으니까.

## 문장 형식 분석

| S | V | O(that ~) | | | |
|---|---|---|---|---|---|
| | | S | V | 수식어 | 수식어 |
| She | promised | [that] she | would go | skating | with us. |
| 주절 | | 종속절 | | | |

She promised    she would go skating with us.
         　　　　시제 일치

↳ 종속절 that ~은 '~하겠다는 것을'이라는 뜻의 명사절로 문장의 동사 promised의 목적어이고, 접속사 that은 생략되었다.

### I'm wondering what has happened to her.

↳ 〈형태〉 I wonder+간접의문문(의문사가 있는 의문문) 〈Unit 56〉

### I wonder if she has forgotten to come here.

↳ 〈형태〉 I wonder+간접의문문(의문사가 없는 의문문) 〈Unit 56〉

## 문법 해설

### 1 시제 일치

주절과 종속절이 있는 문장에서 종속절의 시제가 주절의 시제에 따라 결정되는 것을 시제 일치라고 한다.

① 〈현재〉 I *know* he *is* a bright student.
② 〈과거〉 I *knew* he was a bright student.

①은 '그가 영리한 학생인' 것을 현재의 시점에서 '알고 있다'라는 것이지만, ②는 현재에서 봐서 과거 시점에 '그가 영리한 학생인' 것을 '알고 있다'라는 게 된다. 따라서 현재의 시점에서 보면 know도 is도 과거의 일이므로 I knew he was ~.로 해야 한다. 이와 같이 시제 일치는 주절의 동사 시제와 종속절 동사 시제를 맞추는 것을 말한다.

(1) 주절의 시제가 현재·미래·현재완료인 경우 종속절의 시제는 모두 시제를 자유롭게 쓸 수 있다.
(2) 주절의 시제가 과거인 경우 종속절의 시제는 과거·과거완료시제만 가능하고 종속절에 조동사가 있거나 미래의 의미를 나타내는 경우에는 조동사의 과거형을 써야 한다.

시제 일치가 문제가 되는 것은 (2)의 경우이다.

① I thought she was fond of skating.(좋아한다고 생각했다.)
② I thought she knew how to skate.(안다고 생각했다.)
③ I thought she could skate fairly well.(잘 탈 수 있다고 생각했다.)
④ I thought she might be a good skater.(잘 탈지도 모른다고 생각했다.)
⑤ I thought she would go skating with us.(타러 갈 거라고 생각했다.)

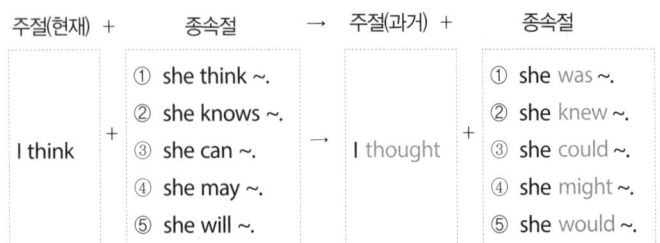

## 2 과거완료시제를 써야 하는 시제 일치

① I know he broke the window.
② I knew he had broken the window.

①은 (과거의 어느 시점에) 그가 창문을 깬 것을 지금 알고 있다는 상황인데, 시간이 지나 그 현재가 과거의 한 시점으로 된 것이 ②이다. (과거의 어느 시점에서) 그가 창문을 깬 것을 (그것보다 현재와 가까운 과거의 시점에서) 알았다'라는 의미를 나타낸다. 주절의 동사가 know → knew로 바뀌면 종속절의 과거형 동사도 이미 한 단계 지난 과거로 바꿔야 시제 일치에 맞는다. 이런 경우에 쓰는 과거 보다 앞선 과거를 과거완료라 하고 'had+과거분사' 형태로 나타낸다.

# 문장 따라 말하기 연습

## STEP 1 기본 문장 따라 말하기 연습

다음 문장을 듣고, 입에 붙을 때까지 반복해서 소리 내어 따라 말해보세요.

1. **He promised he would go skiing with me.**
   그는 나하고 스키 타러 가겠다고 약속했다.

2. **He promised he would never be late for the meeting.**
   그는 회의에 절대로 늦지 않겠다고 약속했다.

3. **He promised he would be sure to come here on time.**
   그는 틀림없이 제시간에 여기 오겠다고 약속했다.

4. **He promised he would never fail to keep his promise.**
   그는 반드시 약속을 지키겠다고 약속했다.

> be sure to ~: 틀림없이 ~하다(surely) He will be sure to come here. =He will surely come here.

## STEP 2 응용 문장 따라 말하기 연습

다음 문장을 듣고, 입에 붙을 때까지 반복해서 소리 내어 따라 말해보세요.

1. **I knew he was a bright student.**
   나는 그가 영리한 학생이라는 것을 알았다.

2. **I thought he was cleverer than any other student.**
   나는 그가 가장 영리한 학생이라고 생각했다.

3. **He said he would be able to finish it all by tomorrow.**
   그는 내일까지 그것을 모두 마칠 수 있을 것이라고 했다.

4. **I didn't think he would be through it all by tomorrow.**
   나는 그가 내일까지 그 일을 끝낼 것이라고 생각하지 않았다.

> cleverer〈clever(영리한)의 비교급 / 비교급+than any other ~: 다른 ~보다도 …한 〈비교급을 사용한 최상급의 표현〉 / be through: ~을 마치다 I will be through it. = I will finish it.

# UNIT 56 간접의문문이 쓰인 형식

Everybody was wondering what was going on with the train.

🎧 mp3 56-1

One morning there were lots of people waiting on the platform at the station. The train was very late.

Everybody was wondering what was going on with the train.

One of them asked, "Why is the train so late?"

But nobody knew why the train was so late.

Another of them asked, "How long will we have to wait?"

But nobody knew how long they would have to wait.

Someone said at last, "We'd better go and ask the station master when the train will arrive."

But the station master himself wasn't sure when the train would arrive.

### 본문 해석

어느 날 아침 역 플랫폼에는 기다리는 사람이 많이 있었다. 열차는 늦게까지 오지 않았다. / 모두 열차에 무슨 일이 일어난 건 아닌지 걱정하고 있었다. / 그 중 하나가 '열차가 왜 이렇게 늦는 거죠?'라고 물었다. / 그러나 누구도 열차가 왜 그렇게 늦는지 몰랐다. / 또 다른 사람이 '얼마나 기다려야 하는 거죠?'라고 물었다. / 그러나 누구도 얼마나 기다려야 하는지 몰랐다. / 결국 누군가 '열차가 언제 도착하는지 역장에게 가서 물어 보는 게 좋겠다.'라고 말했다. / 그러나 역장 자신도 언제 열차가 도착하는지 정확히 알지 못했다.

## 문장 형식 분석

| S | V | O(간접의문문) | | |
|---|---|---|---|---|
| | | S | V | 수식어 |
| Everybody | was wondering | what | was going on | with the train. |

Everybody was wondering what was going on with the train.

시제 일치

S | V | O(간접의문문)
**Nobody** | **knew** | **how long they would have to wait.**

♪ 〈간접의문문〉 ← How long will they have to wait?
〈시제일치〉 〈주절〉 knew → 〈종속절〉 would

## 문법 해설

### 1 간접의문문

의문사로 시작하는 의문문이 다른 글의 일부로 쓰여 절을 이룰 때 이것을 간접의문문이라고 하며 명사절이 된다.

〈직접의문문〉 What is your name?

I don't know _____. → I don't know what your name is.

| S | V | O(명사절) |
|---|---|---|
| I | don't know | what your name is |

(1) 간접의문문은 내용적으로는 의문문이지만, 형태상으로는 의문문이 아니므로 어순은 '의문사+주어+동사'의 평서문 형식으로 된다.
(2) 간접의문문은 종속절이므로 주절과 시제를 일치시켜야 한다. 〈Unit 55〉

※ **시제 일치** 〈Unit 55〉

주절과 종속절이 있는 문장에서 종속절의 시제가 주절의 시제에 따라 결정되는 것을 시제 일치라고 한다.
① 주절의 동사가 현재·현재완료·미래일 때 종속절의 동사는 아무 시제나 자유롭게 쓸 수 있다.
② 주절의 동사가 과거이면 종속절의 동사는 과거 또는 과거완료를 써야 한다.

| 주절의 동사 | 종속절의 동사 |
|---|---|
| 현재→과거 | 현재→과거<br>과거·현재완료·과거완료→과거완료<br>미래·조동사→조동사의 과거형 |

〈주절이 현재〉 I know who did it.
〈주절이 과거〉 I knew who had done it.

〈주절이 현재〉 I wonder what has happened to her.
〈주절이 과거〉 I wondered what had happened to her.

**2** 의문사가 없는 경우는 간접의문문 앞에 if나 whether를 쓴다.

① Who can do that? → I wonder who can do that.(누가 그것을 할 수 있을지)
② Can he do that? → I wonder if he can do that.(그가 그것을 할 수 있을지)

①과 같이 의문사가 쓰인 의문문을 I wonder ~.라는 문장에 넣으면 의문사가 접속어가 되어 간접의문문으로 되지만, ②와 같은 의문사가 없는 의문문은 접속사 if를 사용한다. 이때의 if ~는 '만일 ~라면'이 아니라 '~인지 어떤지'라는 의미의 명사절을 만든다.

〈직접의문문〉 Can I do it myself?
I'm not sure _____. → I'm not sure if I can do it myself.

## 문장 따라 말하기 연습

### 기본 문장 따라 말하기 연습 🔊 mp3 56-2

다음 문장을 듣고, 입에 붙을 때까지 반복해서 소리 내어 따라 말해보세요.

1. **I don't know what your name is.**
   나는 네 이름이 무엇인지 모른다.

2. **He doesn't know how old you are.**
   그는 네가 몇 살인지 모른다.

3. **They don't know what you did yesterday.**
   그들은 어제 네가 무얼 했는지 모른다.

4. **We don't know where you are going tomorrow.**
   우리는 내일 네가 어디 가는지 모른다.

> ~ what your name is → What is your name? / ~ how old you are → How old are you? / ~ what you did → What did you do? / ~ where you are going → Where are you going?

### 응용 문장 따라 말하기 연습 🔊 mp3 56-3

다음 문장을 듣고, 입에 붙을 때까지 반복해서 소리 내어 따라 말해보세요.

1. **I wanted to know when he would come.**
   나는 그가 언제 오는지 알고 싶었다.

2. **We asked him what he was going to do next.**
   우리는 그에게 다음에 무엇을 할 건지 물었다.

3. **They wondered why he was in such a hurry.**
   그들은 그가 그렇게 서두는 이유가 궁금했다.

4. **He wasn't sure if he could do it himself.**
   그는 혼자서 그 일을 할 수 있을지 잘 몰랐다.

> in such a hurry: 그렇게 급히.  hurry(급함)

# UNIT 57 관계대명사 which가 쓰인 형식

## This is the book I bought yesterday.

🔊 mp3 57-1

- Did you go to the bookstore yesterday?
- Yes, I did. I bought a book there.
- Please show me the book you bought yesterday.
- All right. This is the book I bought yesterday.
- What sort of book is this?
- It's a book on history.
- Is it a book which tells about famous events in the world?
- No, it isn't. It's a book on American history only. It tells about the historical events which happened in the United States.

✎ 본문 해석

A: 어제 서점에 갔었지? / B: 응. 거기서 책을 한 권 샀어. / A: 어제 산 그 책 좀 보여 줘. / B: 좋아. 이것이 어제 산 책이야. / A: 어떤 종류의 책이니? / B: 역사에 관한 책이야. / A: 전 세계에서 일어난 유명한 사건에 관해 쓰인 책이니? / B: 아니야. 미국 역사에 관한 책이야. 미국에서 일어난 역사적인 사건이 쓰여 있어.

## 문장 형식 분석

| S | V | C(명사+관계대명사절) |
|---|---|---|
| **This** | **is** | **the book [*which*] I bought yesterday.** |

| S | V | 수식어(전치사+명사+관계대명사절) |
|---|---|---|
| **It** | **tells** | **about the historical events which happened ~.** |

## 문법 해설

**1** 관계대명사

앞에 나온 명사를 대신하는 대명사의 역할과 절과 절을 연결하는 접속사 역할을 겸하는 것을 관계대명사라고 한다.

① I bought a book yesterday.(어제 나는 책을 한 권 샀다.)
② This is the book.(이것이 그 책이다.)

①과 ②를 합쳐 '이것이 어제 내가 산 책이다.'라고 하려면 연결하는 말이 필요하다.

 This is the book + 연결하는 말 + I bought it yesterday.

이 경우 관계대명사를 쓰면 관계대명사는 '접속사+대명사' 역할을 하므로 다음과 같이 된다.

**2** 관계대명사절은 형용사절이다.

```
   S    V         C(명사+형용사절)
  This   is    the book  which I bought yesterday.
                  ↑_____|
                       형용사로

          S(명사+형용사절)           V      C
  The book  which I bought yesterday   is   on history.
    ↑_____|
         형용사로
```

**3** 관계대명사의 종류

|  | 주격 | 소유격 | 목적격 |
|---|---|---|---|
| 사람 | who | whose | whom |
| 동물·사물 | which | of which / whose | which |
| 사람·동물·사물 | that | – | that |
| 선행사 포함 | what | – | what |

관계대명사의 종류는 선행사에 따라 결정된다.

## 4 관계대명사의 격

관계대명사의 격은 형용사절에서의 관계대명사의 역할에 따라 결정된다.

**주격**: 관계대명사로 바꿀 명사나 대명사가 주어일 때
**목적격**: 관계대명사로 바꿀 명사나 대명사가 목적어일 때
**소유격**: 관계대명사로 바꿀 명사나 대명사가 소유격일 때

## 5 목적격 관계대명사는 생략할 수 있지만, 주격 관계대명사는 생략할 수 없다.

This is a book which tells about American history.

$\underset{S}{\text{It}}$ $\underset{V}{\text{tells}}$ $\underset{\text{수식어}}{\text{about American history.}}$

## 6 주격 관계대명사 다음의 동사는 선행사의 수에 일치시킨다.

The tree which stands near the gate is a pine tree.

- The tree stands near the gate.
- The tree is a pine tree.

The trees which stand near the gate are pine trees.

- The trees stand near the gate.
- The trees are a pine tree.

## 문장 따라 말하기 연습

### STEP 1 기본 문장 따라 말하기 연습
🔊 mp3 57-2

다음 문장을 듣고, 입에 붙을 때까지 반복해서 소리 내어 따라 말해보세요.

1. **This is the book my teacher wrote recently.**
   이것이 최근 우리 선생님이 쓰신 책이다.

2. **This is the plastic model my brother built for me.**
   이것이 형이 만들어 준 플라스틱 모형이다.

3. **This is the camera my father gave me as a birthday present.**
   이것이 아버지가 생일 선물로 주신 카메라이다.

4. **This is the book which was recently written by my teacher.**
   이것이 최근 우리 선생님에 의해 쓰인 책이다.

5. **This is the plastic model which was built for me by my brother.**
   이것이 나에게 주려고 형에 의해 만들어진 플라스틱 모형이다.

6. **This is the camera which I was given as a birthday present.**
   이것이 아버지에게서 생일 선물로 받은 카메라이다.

recently: 최근 / plastic model: 플라스틱 모형

### STEP 2 응용 문장 따라 말하기 연습
🔊 mp3 57-3

다음 문장을 듣고, 입에 붙을 때까지 반복해서 소리 내어 따라 말해보세요.

1. **The tree which stands near the gate is a pine tree.**
   대문 근처에 서 있는 나무는 소나무이다.

2. **The house which stands on the hill is my uncle's.**
   언덕 위에 있는 집은 삼촌의 집이다.

3. **The train which is going to leave now is the last one.**
   지금 떠날 예정인 열차는 막차이다.

pine tree: 소나무 / my uncle's = my uncle's house: 삼촌의 집

# UNIT 58 관계대명사 who가 쓰인 형식

She was a girl who looked very much like you.

🔊 mp3 58-1

- I met a girl at the movie last night. Can you guess who I met?
- No, I can't.
- I'll give you some hints. The girl whom I met at the movie last night looked very much like you.
- Let me see. Was she a girl who looked very much like me?
- Yes, she was. And she was a girl whose brother I know very well.
- Well, she was my sister, wasn't she?
- That's right. The girl whom I met last night was your sister.

### 본문 해석

A: 어젯밤에 영화관에서 어떤 여자를 만났어. 누굴 만났는지 알아맞힐 수 있겠니? / B: 모르겠어. / A: 힌트를 좀 줄게. 그 여자는 너를 빼닮았어. / B: 글쎄다. 나를 빼닮은 여자라고? / A: 그래. 그리고 그녀의 오빠를 내가 잘 알지. / B: 내 여동생이지? / A: 맞아. 내가 만난 여자는 네 여동생이었어.

## 문장 형식 분석

| S(명사+관계대명사절) | V | C(형용사) |
|---|---|---|
| **The girl whom I met at the movie** | **looked** | **very much like you.** |

〈기본 문장〉 She looks like her mother. 〈Unit 31〉

| S | V | C(명사+관계대명사절) |
|---|---|---|
| **She** | **was** | **a girl who looked very much like you.** |

## 문법 해설

**1** 관계대명사 who; 〈조건〉 선행사(사람)가 관계대명사절의 주어

She was a girl + [(*She*) looks very much like you].
　　　　선행사　　　　　　　who

① 관계대명사는 주어 She를 대신하므로 who(주격)를 사용한다.
② 선행사 a girl은 'S+V+C'의 보어이지만, 관계대명사절에서는 주어이다.

**2** 관계대명사 whom; 〈조건〉 선행사(사람)가 관계대명사절의 목적어

The girl + [I met (*her*) last night] looked very like you.
　선행사　　　　　　　whom

관계대명사는 목적어 her를 대신하므로 whom(목적격)을 사용한다. 목적격 관계대명사는 보통 생략된다.

**3** 관계대명사 whose; 〈조건〉 선행사(사람)가 관계대명사절의 주어나 목적어의 소유주

She was a girl + [(*Her*) brother I know very well].
　　　선행사　　　　　　　whose　← I know *her* brother very well.

관계대명사는 목적어 her brother의 소유격 her를 대신하므로 whose(소유격)를 사용한다.

**4** 선행사가 동물·사물인 경우에도 whose를 사용할 수 있다.

1. 동물

The animal whose nose is very long is called an elephant.
(그 코가 매우 긴 동물은 코끼리라고 불린다.)

The animal + [(*It's*) nose is very long] is called an elephant.
　선행사　　　　　　　whose

2. 사물

This is a street whose name I don't know.(이곳은 내가 이름을 모르는 거리다.)

This is a street + [I don't know (*its* name)].
　　　선행사　　　　　　　whose

## 문장 따라 말하기 연습

 **기본 문장** 따라 말하기 연습  🔊 mp3 58-2

다음 문장을 듣고, 입에 붙을 때까지 반복해서 소리 내어 따라 말해보세요.

1. **She is the girl whom I met at the party.**
   그녀는 내가 파티에서 만난 여자이다.

2. **Do you know the girl whom I met at the party?**
   내가 파티에서 만난 여자를 아세요?

3. **The girl whom I meet at the party is Jane.**
   내가 파티에서 만난 여자는 제인이다.

4. **She is the girl who speaks English best in our class.**
   그녀는 우리 반에서 영어를 제일 잘 하는 여자이다.

5. **Do you know the girl who speaks English best in our class?**
   우리 반에서 영어를 제일 잘 하는 여자를 아세요?

6. **The girl who speaks English best in our class is very pretty.**
   우리 반에서 영어를 제일 잘 하는 여자는 정말 예쁘다.

> whom I met ~. ← I met her ~. / who speaks English ~. ← She speaks English ~.

 **응용 문장** 따라 말하기 연습  🔊 mp3 58-3

다음 문장을 듣고, 입에 붙을 때까지 반복해서 소리 내어 따라 말해보세요.

1. **I'm looking for a student whose father teaches English at school.**
   그의 아버지가 학교에서 영어를 가르치는 학생을 찾고 있다.

2. **A student whose father teaches English at school should be much better at English.**
   학교에서 영어를 가르치는 아버지를 둔 학생은 영어를 더 잘 해야 한다.

> whose father teaches ~. ← His father teaches ~. / look for ~: ~을 찾다

# 묻기 · 대답하기 연습

해답 291쪽

## STEP 1  기본 문장 묻기·대답하기 연습   mp3 58-4

다음의 문장을 이용해서 지시에 따라 문장을 만들고 대화 연습을 해 보세요.

> **I met a girl who looked very much like you.**

1. 의문문으로 >>
2. 1.의 대답 >>
3. a boy? >>
4. 3.의 대답 >>
5. Who? >>
6. 5.의 대답 >>

## STEP 2  응용 문장 묻기·대답하기 연습   mp3 58-5

다음의 문장을 이용해서 지시에 따라 문장을 만들고 대화 연습을 해 보세요.

> **I'm looking for a student whose father teaches English at school.**

1. 의문문으로 >>
2. 1.의 대답 >>
3. whose father works in a bank? >>
4. 3.의 대답 >>
5. What sort of student? >>
6. 5.의 대답 >>

# UNIT 59 관계대명사 that이 쓰인 형식

That is the most interesting book that I have ever read.

🔊 mp3 59-1

- What is your hobby?
- Reading books is my hobby.
- Have you ever read *Robinson Crusoe*?
- Yes, I have. That is the most interesting book that I have ever read.
- What are you thinking of reading next?
- I'm thinking of reading *The Road Jack Walked On*. I think John F. Kennedy was one of the greatest statesmen that ever lived in the United States.
- What do you think of George W. Bush?
- Well, all I know about him is that he was a U.S. President.

### 본문 해석

A: 취미가 뭐니? / B: 독서가 내 취미야. / A: '로빈슨 크루소' 읽어 봤어? / B: 그래. 지금까지 읽어본 책 중에 가장 재미있는 책이야. / A: 다음에는 무슨 책을 읽으려고 해? / B: '잭이 걸어 온 길'이야. 케네디 대통령은 미국에서 가장 위대한 정치인 중 한 분인 것 같아. / A: 조지 부시 대통령은 어떻게 생각해? / B: 저, 미국 대통령이었다는 것밖에 아는 게 없어.

## 문장 형식 분석

| S | V | C(형용사 최상급+명사+관계대명사절) |
|---|---|---|
| That | is | the most interesting book that I have ever read. |

S(all+관계대명사절)     V     C(접속사 that절)
**All [that] I know about him   is   that he is a U.S. President.**

## 문법 해설

### 1 관계대명사 that의 용법

1. 일반적 용법

관계대명사 that은 선행사가 사람과 사물 모두에 쓸 수 있으므로 who, whom, which 대신 쓸 수 있다. 특히 회화에서는 관계대명사 which 또는 whom 대신에 많이 쓰인다.

2. 관계대명사 that을 써야 하는 경우
① 선행사에 최상급 형용사가 있을 때.
② all the ~(모든 ~), the only ~(유일한~), the same ~(동일한~), the first ~(최초의~), the last ~(최후의~) 등이 선행사를 수식할 때.
③ 선행사가 의문대명사이거나 -thing, -body(one) 등으로 끝나는 말이 있을 때
④ 선행사가 사람과 사물 둘 다일 때

That is *the most* interesting book that I have ever read.
This is *the best* pie that I've ever eaten.
(이것은 지금까지 먹어본 파이 중에 가장 맛있는 파이다.)
*The car and its driver* that fell into the sea have not been found yet.
(바다에 떨어진 차와 운전자는 아직 발견되지 않았다.)

### 2 the most interesting book that I have ever read

〈형태〉 최상급 형용사+명사+that+S+V(현재완료 have+ever+과거분사)
      지금까지 …한 중에 가장 ~한 (명사)

※ that이 주격인 경우에는 the greatest statemen that ever lived in the United States처럼 '명사+that+( )+ever+과거분사' 형태가 된다.

## 문장 따라 말하기 연습

### STEP 1 기본 문장 따라 말하기 연습

다음 문장을 듣고, 입에 붙을 때까지 반복해서 소리 내어 따라 말해보세요.

1. **This is the best dress that she has.**
   이것은 그녀가 가진 가장 좋은 옷이다.

2. **He is the only friend that I have.**
   그는 내 유일한 친구이다.

3. **This is the same watch that I lost.**
   이것은 내가 잃어버린 것과 같은 시계이다.

4. **This is all the money that I have.**
   이것이 내가 가진 돈의 전부다.

5. **This is all that I can do for you.**
   이것이 내가 너에게 해 줄 수 있는 전부다.

> the same: 동일한 ~ / lost 〈 lose(잃다)의 과거분사

### STEP 2 응용 문장 따라 말하기 연습

다음 문장을 듣고, 입에 붙을 때까지 반복해서 소리 내어 따라 말해보세요.

1. **This is the most difficult book that I have ever read.**
   이 책은 지금까지 읽었던 것 중에 가장 어려운 책이다.

2. **She is the prettiest girl that I have ever seen.**
   그녀는 지금까지 본 여자 중에 가장 예쁜 여자이다.

3. **Madame Curie was one of the greatest scientists that ever lived on earth.**
   퀴리 부인은 지금까지 지구상에 살았던 가장 위대한 과학자 중 한 사람이었다.

4. **Stevenson was one of the greatest writers that ever lived in Scotland.**
   스티븐슨은 지금까지 스코틀랜드에 살았던 가장 유명한 작가 중 한 사람이었다.

> prettiest 〈 pretty(예쁜)의 최상급 / Madame Curie: 퀴리 부인(라듐을 발견한 프랑스의 과학자) /
> on earth: 이 세상에서 / Stevenson: 스티븐슨. 스코틀랜드의 소설가(1850-1894)

# 묻기 · 대답하기 연습

해답 291쪽

 **STEP 1** 기본 문장 묻기·대답하기 연습  🎧 mp3 **59-4**

다음의 문장을 이용해서 지시에 따라 문장을 만들고 대화 연습을 해 보세요.

> *Robinson Crusoe* is the most interesting book that I have ever read.

1. 의문문으로 >>
2. 1.의 대답 >>
3. Treasure Island? >>
4. 3.의 대답 >>
5. What? >>
6. 5.의 대답 >>

 **STEP 2** 응용 문장 묻기·대답하기 연습  🎧 mp3 **59-5**

다음의 문장을 이용해서 지시에 따라 문장을 만들고 대화 연습을 해 보세요.

> I think Kennedy was one of the greatest statesmen that ever lived in the United States.

1. 의문문으로 >>
2. 1.의 대답 >>
3. Johnson? >>
4. 3.의 대답 >>
5. Who? >>
6. 5.의 대답 >>

# UNIT 60 관계부사가 쓰인 형식

That is the city where you were born.

🔊 mp3 60-1

A: a Korean student / B: a middle-aged American (중년의)

- Where are you from?
- I'm from Colorado.
- From where in Colorado?
- From Denver.
- Is that the city where you were born? (be born 태어나다)
- Yes, it is. Denver is the place where I was born and brought up. (be brought up 자라다)
- Does it have a big population? [pàpjuléiʃən] 인구
- Well, it has quite a few people in it now. But it used to be a small town in the old days when I was a child. Denver has expanded since the end of World War . 
[ikspǽnd(id)] 팽창하다, 확대하다    [wə:rld wɔ:r tu:] 제2차 세계 대전

## 본문 해석

A: 고향이 어디세요? / B: 콜로라도입니다. / A: 콜로라도 어디에요? / B: 덴버입니다. / A: 거기서 태어나셨어요? / B: 네, 내가 태어나서 자란 곳이에요. / A: 인구가 많아요? / B: 네, 지금은 많아요. 그렇지만 내가 어릴 적에는 작은 도시였지요. 제2차 세계대전이 끝난 후에 커졌어요.

## 문장 형식 분석

| S | V | C(명사+관계부사 where절) |
|---|---|---|
| That | is | the city where you were born. |

| S | V(조동사+본동사) | C | 수식어(전치사+명사+관계부사 when절) |
|---|---|---|---|
| It | used to be | a small town | in the old days when I was a child. |

PART 2 문장의 5형식 활용 연습

## 문법 해설

### 1 관계부사

관계부사는 '접속사+부사' 역할을 하며 관계부사가 이끄는 절은 선행사를 수식하는 형용사절이 된다. 관계부사는 선행사에 따라 결정되며, 선행사가 장소일 경우에는 where, 선행사가 시간일 경우에는 when, 방법일 경우에는 how, 이유일 때는 why를 쓴다.

1. 관계부사 where; 선행사가 장소일 때 쓴다. <= in(on, at) which>

    You were born in the city.(당신은 그 도시에서 태어났다.)

    the city      You were born in the city.
    선행사 ←──── which ────

    the city    which    you were born in      .
    the city    in which    you were born      .

    the city    where    you were born. (당신이 태어난 그 도시)

    in which는 '전치사+관계대명사'이고 이것을 관계부사로 바꾼 것이 where이다. 이와 같이 선행사가 장소인 경우에는 관계부사 where를 쓴다.

2. 관계부사 when; 선행사가 시간일 때 쓴다. <=in(on, at) which>

    I was a child in the old days.
    the old days      I was a child in the old days.
    선행사 ←──── which ────

    the old days    in which    I was a child.
    the old days    when    I was a child.

### 2 관계부사와 '전치사+관계대명사 which'의 관계

관계부사는 '전치사+관계대명사'로 바꿀 수 있다.

1. 선행사(장소)+where = in(on, at) which ~

    the hotel where I am staying = the hotel at which I am staying

2. 선행사(시간)+when = in(on, at) which ~

    the time when he will arrive = the time at which he will arrive

UNIT 60 관계부사가 쓰인 형식

3. 선행사(이유)+why = for which ~

   the reason why you were late = the reason for which you were late.
4. 선행사(방법)+how = in which ~

   the way how you learned to swim(당신이 수영을 배운 방법)
   = the way in which you learned to swim.

### 3 관계부사의 선행사 생략

관계부사나 선행사 중에 어느 하나가 없어도 뜻이 분명한 경우에는 둘 중 하나를 생략한다. 특히 the place, the time, the reason, the way 등은 선행사를 생략할 수 있다.

I don't know (the place) where I was born.
Tell me (the time) when you will come.
I can't tell (the reason) why I don't like her.
Let me know (the way) how you did it.

why와 how의 경우 선행사를 생략할 때가 많고, the reason why ~ / the way how ~가 문장의 주어일 때는 관계부사를 생략하는 것이 일반적이다.

The reason (why) I don't like her **cannot be told**.
The way (how) you did it **was wonderful**.

### 4 used to ~의 용법

used to는 조동사로 '(전에는) 늘 ~하곤 했다'라는 과거에 일정기간 동안 지속되었던 습관을 나타내며 '지금은 그렇지 않다'라는 뜻이 내포되어 있다.
부정문은 'didn't use(d) to+동사원형' 또는 'never used to+동사원형'으로 나타내고, 의문문은 'Did+주어+use(d) to+동사원형'으로 나타낸다.

I used to go skiing when I was young.(젊었을 때에는 스키 타러 가곤 했다.)

〈의문문〉   Did you use to go skiing?

  - Yes, I did. I used to go skiing.

  - No, I didn't. I didn't use to go skiing.

〈부가의문문〉 You used to go skiing, didn't you?

## 문장 따라 말하기 연습

### 기본 문장 따라 말하기 연습
🔊 mp3 **60-2**

다음 문장을 듣고, 입에 붙을 때까지 반복해서 소리 내어 따라 말해보세요.

1. **This is the village where I was born.**
   여기가 내가 태어난 마을이다.

2. **This is the place where I sleep.**
   여기가 내가 자는 곳이다.

3. **This is the store where we usually do shopping.**
   여기가 우리가 늘 쇼핑하는 가게이다.

---

village: 마을 / factory: 공장 / do shopping: 쇼핑하다

---

### 응용 문장 따라 말하기 연습
🔊 mp3 **60-3**

다음 문장을 듣고, 입에 붙을 때까지 반복해서 소리 내어 따라 말해보세요.

1. **Tell me the time when you will arrive.**
   언제 도착하는지 알려 주세요.

2. **Do you know the year when the war began?**
   그 전쟁이 시작된 연도를 아세요?

3. **I've forgotten the date when the war came to an end.**
   나는 그 전쟁이 끝난 날짜를 잊어버렸다.

4. **I want to know the reason why you were late for school.**
   나는 네가 왜 지각했는지 그 이유를 알고 싶다.

---

war: 전쟁 / date: 날짜 / come to an end: 끝나다 / reason: 이유, 원인

# Part 3

# 문장 바꿔 말하기
해답

### Unit 1

#### I studied English yesterday.
1. Did you study English yesterday?
2. Yes, I did. I studied English yesterday.
3. Did you study mathematics yesterday?
4. No, I didn't. I didn't study mathematics yesterday.
5. What did you study yesterday?
6. I studied English yesterday.

#### My father watched television last night.
1. Did your father watch television last night?
2. Yes, he did. He watched television last night.
3. Did your father wash a television set last night?
4. No, he didn't. He didn't wash a television set last night.
5. What did your father do last night?
6. He watched television last night.

### Unit 2

#### I went to school by bus yesterday morning.
1. Did you go to school by bus yesterday morning?
2. Yes, I did, I went to school by bus yesterday morning.
3. Did you go to school by bus this morning?
4. No, I didn't. I didn't go to school by bus this morning.
5. When did you go to school by bus?
6. I went to school by bus yesterday morning.

#### The American came to Korea by plane.
1. Did the American come to Korea by plane?
2. Yes, he did. He came to Korea by plane.
3. Did the American come to Korea by boat?
4. No, he didn't. He didn't come to Korea by boat.
5. How did the American come to Korea?
6. He came to Korea by plane.

### Unit 3

#### I am in the 8th grade now.
1. Are you in the 8th grade now?
2. Yes, I am. I'm in the 8th grade now.

3. Are you in the 7th grade now?
4. No, I'm not. I'm not in the 7th grade now.
5. What grade are you in now?
6. I'm in the 8th grade now.

### I was on the bus half an hour ago.
1. Were you on the bus half an hour ago?
2. Yes, I was. I was on the bus half an hour ago.
3. Were you at your school half an hour ago?
4. No, I wasn't. I wasn't at my school half an hour ago.
5. Where were you half an hour ago?
6. I was on the bus half an hour ago.

## Unit 4
### I am very hungry now.
1. Are you very hungry now?
2. Yes, I am. I'm very hungry now.
3. Are you very happy now?
4. No, I'm not. I'm not very happy now.
5. How are you now?
6. I'm very hungry now.

### Bob was absent from the club meeting yesterday.
1. Was Bob absent from the club meeting yesterday?
2. Yes, he was. He was absent from the club meeting yesterday.
3. Was Bob absent from school yesterday?
4. No, he wasn't. He wasn't absent from school yesterday.
5. What was Bob absent from yesterday?
6. He was absent from the club meeting yesterday.

## Unit 5
### It was Wednesday yesterday.
1. Was it Wednesday yesterday?
2. Yes, it was. It was Wednesday yesterday.
3. Was it Thursday yesterday?
4. No, it wasn't. It wasn't Thursday yesterday.
5. What day of the week was it yesterday?
6. It was Wednesday yesterday.

### New York is the largest city in the world.
1. Is New York the largest city in the world?
2. Yes, it is. It is the largest city in the world.
3. Is Suwon the largest city in the world?
4. No, it isn't. It isn't the largest city in the world.
5. What is the largest city in the world?
6. New York is. New York is the largest city in the world.

## Unit 6

### There are seven days in a week.
1. Are there seven days in a week?
2. Yes, there are. There're seven days in a week.
3. Are there thirty days in a week?
4. No, there aren't. There aren't thirty days in a week.
5. How many days are there in a week?
6. There're seven days in a week.

### There was some ice in the refrigerator a few minutes ago.
1. Was there any ice in the refrigerator a few minutes ago?
2. Yes, there was. There was some ice in it a few minutes ago.
3. Was there any ice cream in the refrigerator a few minutes ago?
4. No, there wasn't. There wasn't any ice cream in it a few minutes ago.
5. What was there in the refrigerator a few minutes ago?
6. There was some ice in it a few minutes ago.

## Unit 7

### I'm doing my homework now.
1. Are you doing your homework now?
2. Yes, I am. I'm doing my homework now.
3. Are you watching television now?
4. No, I'm not. I'm not watching television now.
5. What are you doing now?
6. I'm doing my homework now.

### I was watching a movie on television last night.
1. Were you watching a movie on television last night?
2. Yes, I was. I was watching a movie on television last night.

3. Were you watching a boxing match on television last night?
4. No, I wasn't. I wasn't watching a boxing match on television last night.
5. What were you watching on television last night?
6. I was watching a movie on television last night.

## Unit 8

### I bought a watch at the department store.

1. Did you buy a watch at the department store?
2. Yes, I did. I bought a watch at the department store.
3. Did you buy a camera at the department store?
4. No, I didn't. I didn't buy a camera at the department store.
5. What did you buy at the department store?
6. I bought a watch at the department store.

### I paid 20 dollars for the watch.

1. Did you pay twenty dollars for the watch?
2. Yes, I did. I paid twenty dollars for it.
3. Did you pay two hundred dollars for the watch?
4. No, I didn't. I didn't pay two hundred dollars for it.
5. How many dollars did you pay for the watch?
6. I paid twenty dollars for it.

## Unit 9

### I usually have breakfast at seven in the morning.

1. Do you usually have breakfast at seven in the morning?
2. Yes, I do. I usually have breakfast at seven in the morning.
3. Do you usually have breakfast at eight in the morning?
4. No, I don't. I don't usually have breakfast at eight in the morning.
5. What time do you usually have breakfast?
6. I usually have breakfast at seven in the morning.

### I had some grapefruit juice for breakfast.

1. Did you have any grapefruit juice for breakfast?
2. Yes, I did. I had some grapefruit juice for breakfast.
3. Did you have any coffee for breakfast?
4. No, I didn't. I didn't have any coffee for breakfast.
5. What did you have for breakfast?
6. I had some grapefruit juice for breakfast.

## Unit 12

### My mother likes to go shopping very much.

1. Does your mother like to go shopping very much?
2. Yes, she does. She likes to go shopping very much.
3. Does your mother like to go fishing very much?
4. No, she doesn't. She doesn't like to go fishing very much.
5. What does your mother like to do very much?
6. She likes to go shopping very much.

### I wanted to buy a tie for my father.

1. Did you want to buy a tie for your father?
2. Yes, I did. I wanted to buy a tie for him.
3. Did you want to buy a bunch of flowers for your father?
4. No, I didn't. I didn't want to buy a bunch of flowers for him.
5. What did you want to buy for your father?
6. I wanted to buy a tie for him.

## Unit 13

### I tried to answer the question.

1. Did you try to answer the question?
2. Yes, I did. I tried to answer the question.
3. Did you try to ask a question?
4. No, I didn't. I didn't try to ask a question.
5. What did you try to do?
6. I tried to answer the question.

### I began to learn English two years ago.

1. Did you begin to learn English two years ago?
2. Yes, I did. I began to learn English two years ago.
3. Did you begin to learn English three years ago?
4. No, I didn't. I didn't begin to learn English three years ago.
5. How many years ago did you begin to learn English?
6. I began to learn English two years ago.

## Unit 14

### My mother was glad to see my report card.

1. Was your mother glad to see your report card?

2. Yes, she was. She was glad to see my report card.
3. Was your father glad to see your report card?
4. No, he wasn't. He wasn't glad to see my report card.
5. Who was glad to see your report card?
6. My mother was. My mother was glad to see my report card.

My father was sorry I wasn't so good in mathematics.
1. Was your father sorry you weren't so good in mathematics?
2. Yes, he was. He was sorry I wasn't so good in mathematics.
3. Was your mother sorry you weren't so good in mathematics?
4. No, she wasn't. She wasn't sorry I wasn't so good in mathematics.
5. Who was sorry you weren't so good in mathematics?
6. My father was. My father was sorry I wasn't so good in mathematics.

## Unit 15

They told him to study all day long.
1. Did they tell him to study all day long?
2. Yes, they did. They told him to study all day long.
3. Did they tell him to play all day long?
4. No, they didn't. They didn't tell him to play all day long.
5. What did they tell him to do all day long?
6. They told him to study all day long.

I want you to become a scientist in the future.
1. Do you want me to become scientist in the future?
2. Yes, I do. I want you to become a scientist in the future.
3. Do you want me to become a businessman in the future?
4. No, I don't. I don't want you to become a businessman in the future.
5. What do you want me to become in the future?
6. I want you to become a scientist in the future.

## Unit 16

I'll practice tennis this afternoon.
1. Will you practice tennis this afternoon?
2. Yes, I will. I'll practice tennis this afternoon.
3. Will you practice baseball this afternoon?
4. No, I won't. I won't practice baseball this afternoon.
5. What will you practice this afternoon?

6. I'll practice tennis this afternoon.

### John won't take part in the tournament.
1. Won't John take part in the tournament?
2. No, he won't. He won't take part in it.
3. Won't Bill take part in the tournament?
4. Yes, he will. He'll take part in it.
5. Who won't take part in the tournament?
6. John won't. John won't take part in it.

## Unit 18
### He is going to take a jet plane.
1. Is he going to take a jet plane?
2. Yes, he is. He's going to take a jet plane.
3. Is he going to take a helicopter?
4. No, he isn't. He isn't going to take a helicopter.
5. What kind of plane is he going to take?
6. He's going to take a jet plane.

### My cousin is going to arrive at Incheon International Airport at 4:50 Thursday afternoon.
1. Is your cousin going to arrive at Incheon International Airport at 4:50 Thursday afternoon?
2. Yes, he is. He's going to arrive at Incheon International Airport at 4:50 Thursday afternoon.
3. Is your cousin going to arrive at Incheon International Airport at 3:30 Thursday afternoon?
4. No, he isn't. He isn't going to arrive at Incheon International Airport at 3:30 Thursday afternoon.
5. What time is your cousin going to arrive at Incheon International Airport Thursday afternoon?
6. He's going to arrive at Incheon International Airport at 4:50 Thursday afternoon.

## Unit 19
### He has to do his homework now.
1. Does he have to do his homework now?
2. Yes, he does. He has to do his homework now.

3. Do you have to do your homework now?
4. No, I don't. I don't have to do my homework now.
5. Who has to do his homework now?
6. He does. He has to do his homework now.

### I won't have to go to a doctor tomorrow.
1. Won't I have to go to a doctor tomorrow?
2. No, you won't. You won't have to go to a doctor tomorrow.
3. Won't I have to go to school tomorrow?
4. Yes, you will. You'll have to go to school tomorrow.
5. Where won't I have to go tomorrow?
6. You won't have to go to a doctor tomorrow.

## Unit 20

### I couldn't swim two years ago.
1. Couldn't you swim two years ago?
2. No, I couldn't. I couldn't swim two years ago.
3. Can't you swim now?
4. Yes, I can. I can swim now.
5. How long ago couldn't you swim?
6. I couldn't swim two years ago.

### You'll be able to swim 25 meters next summer.
1. Will I be able to swim 25 meters next summer?
2. Yes, you will. You'll be able to swim 25 meters next summer.
3. Will I be able to swim 100 meters next summer?
4. No, you won't. You won't be able to swim 100 meters next summer.
5. How many meters will I be able to swim next summer?
6. You'll be able to swim 25 meters next summer.

## Unit 21

### I went to the airport see him off.
1. Did you go to the airport to see him off?
2. Yes, I did. I went to the airport to see him off.
3. Did you go to the station to see him off?
4. No, I didn't. I didn't go to the station to see him off.
5. Where did you go to see him off?
6. I went to the airport to see him off.

He will come to Korea to teach us English.
1. Will he come to Korea to teach you English?
2. Yes, he will. He'll come to Korea to teach us English.
3. Will he come to Korea to learn Korean?
4. No, he won't. He won't come to Korea to learn Korean.
5. What will he come to Korea for?
6. He'll come to Korea to teach us English.

## Unit 22

English is a difficult language to speak.
1. Is English a difficult language to speak?
2. Yes, it is. It is a difficult language to speak.
3. Is Korean a difficult language to speak?
4. No, it isn't. It isn't a difficult language to speak.
5. What is a difficult language to speak?
6. English is. English is a difficult language to speak.

I think this book is interesting to read.
1. Do you think this book is interesting to read?
2. Yes, I do. i think this book is interesting to read.
3. Do you think that book is interesting to read?
4. No, I don't. I don't think that book is interesting to read.
5. Which do you think is more interesting, this book or that one?
6. I think this book is more interesting than that one.

## Unit 23

The river is dangerous to swim in.
1. Is the river dangerous to swim in?
2. Yes, it is. It is dangerous to swim in.
3. Is the river safe to swim in?
4. No, it isn't. It isn't safe to swim in.
5. How dangerous is the river to swim in?
6. It is very dangerous to swim in.

I think the girl is pleasant to talk to.
1. Do you think the girl is pleasant to talk to?
2. Yes, I do. I think she is pleasant to talk to.

3. Do you think the boy is pleasant to talk to?
4. No, I don't. I don't think he is pleasant to talk to.
5. Who do you think is pleasant to talk to?
6. The girl is. The girl is pleasant to talk to.

## Unit 24

### I have something to tell you.

1. Do you have something(anything) to tell me?
2. Yes, I do. I have something to tell you.
3. Do you have anything to show me?
4. No, I don't. I don't have anything to show you.
5. What do you have?
6. I have something to tell you.

### I want something to sharpen a pencil with.

1. Do you want something(anything) to sharpen a pencil with?
2. Yes, I do. I want something to sharpen a pencil with.
3. Do you want anything to sharpen a knife with?
4. No, I don't. I don't want anything to sharpen a knife with.
5. What do you want?
6. I want something to sharpen a pencil with.

## Unit 25

### I have enough money to buy a book.

1. Do you have enough money to buy a book?
2. Yes, I do. I have enough money to buy a book.
3. Do you have enough money to buy a bookstore?
4. No, I don't. I don't have enough money to buy a bookstore.
5. What do you have enough money to buy?
6. I have enough money to buy a book.

### The boy was kind enough to carry my package.

1. Was the boy kind enough to carry your package?
2. Yes, he was. He was kind enough to carry my package.
3. Was the boy kind enough to carry you on his back?
4. No, he wasn't. He wasn't kind enough to carry me on his back.
5. How kind was the boy?
6. He was kind enough to carry my package.

## Unit 27

### My hobby is collecting coins from all over the world.

1. Is your hobby collecting coins from all over the world?
2. Yes it is. It's collecting coins from all over the world.
3. Is your hobby collecting stamps from all over the world?
4. No, it isn't. It isn't collecting stamps from all over the world.
5. What is your hobby?
6. It's collecting coins from all over the world.

### I think climbing a mountain alone is very dangerous.

1. Do you think climbing a mountain alone is very dangerous?
2. Yes, I do. I think climbing a mountain alone is very dangerous.
3. Do you think climbing a mountain alone is very safe?
4. No, I don't. I don't think climbing a mountain alone is very safe.
5. What do you think of climbing a mountain alone?
6. I think climbing a mountain alone is very dangerous.

## Unit 29

### American people call the machine an air conditioner.

1. Do American people call the machine an air conditioner?
2. Yes, they do. They call the machine an air conditioner.
3. Do American people call the machine an "aircon."
4. No, they don't. They don't call the machine an "aircon."
5. What do American people call the machine?
6. They call the machine an air conditioner.

### He pronounces his name [læʃ].

1. Does he pronounce his name [læʃ]?
2. Yes, he does. He pronounces his name [læʃ].
3. Does he pronounce his name [lʌʃ]?
4. No, he doesn't. He doesn't pronounce his name [lʌʃ].
5. How does he pronounce his name?
6. He pronounces his name [læʃ].

## Unit 31

### You look very much like your mother.

1. Do I look very much like my mother?

2. Yes, you do. You look very much like your mother.
3. Do I look very much like my father?
4. No, you don't. You don't look very much like your father.
5. Who do I look like?
6. You look very much like your mother.

She wants to become a pretty woman.
1. Does she want to become a pretty woman?
2. Yes, she does. She wants to become a pretty woman.
3. Does she want to become a strong woman?
4. No, she doesn't. She doesn't want to become a strong woman.
5. What sort of woman does she want to become?
6. She want to become a pretty woman.

## Unit 33

They can't speak Korean very well.
1. They can't speak Korean very well, can they?
2. No, they can't. They can't speak Korean very well.
3. They can't speak English very well, can they?
4. Yes, they can. They can speak English very well.
5. What language can't they speak very well?
6. They can't speak Korean very well.

They don't have any difficulty in speaking English.
1. They don't have any difficulty in speaking English, do they?
2. No, they don't. They don't have any difficulty in speaking English.
3. They don't have any difficulty in speaking Korean, do they?
4. Yes, they do. They have some difficulty in speaking Korean.
5. What language don't they have any difficulty in speaking?
6. They don't have any difficulty in speaking English.

## Unit 34

I don't know how to drive.
1. Don't you know how to drive?
2. No, I don't. I don't know how to drive.
3. Don't you know how to ride a bicycle?
4. Yes, I do. I know how to ride a bicycle.
5. What don't you know?

6. I don't know how to drive.

### How to say it is much more difficult than what to say.
1. Is how to say it much more difficult than what to say?
2. Yes, it is. It is much more difficult than what to say.
3. Is how to say it much easier than what to say?
4. No, it isn't. It isn't much easier than what to say.
5. Which is more difficult, how to say it or what to say?
6. How to say it is. How to say it is much more difficult than what to say.

## Unit 35
### I'll show you how to use it.
1. Will you show me how to use it?
2. Yes, I will. I'll show you how to use it.
3. Will you show me how to break it?
4. No, I won't. I won't show you how to break it.
5. What will you show me?
6. 생략

### My homeroom teacher will advise me which school to choose.
1. Will your homeroom teacher advise you which school to choose?
2. Yes, he will. He'll advise me which school to choose.
3. Will your homeroom teacher advise you which store to choose?
4. No, he won't. He won't advise me which store to choose.
5. What will your homeroom teacher advise you?
6. 생략

## Unit 36
### It is possible to master English in three years.
1. Is it possible to master English in three years?
2. Yes, it is. It's possible to master English in three years.
3. Is it possible to master English in a year?
4. No, it isn't. It isn't possible to master English in a year.
5. In how many years is it possible to master English?
6. It's possible to master English in three years.

### It will be difficult for you to master English in a year.
1. Will it be difficult for me to master English in a year?

2. Yes, it will. It'll be difficult for you to master English in a year.
3. Will it be easy for me to master English in a year?
4. No, it won't. It won't be easy for you to master English in a year.
5. How difficult will it be for me to master English in a year?
6. It'll be very difficult for you to master English in a year.

## Unit 37

### It's very kind of you to help me.

1. Is it very kind of me to help you?
2. Yes, it is. It's very kind of you to help me.
3. Is it very kind of me to keep away from you?
4. No, it isn't. It isn't very kind of you to keep away from me.
5. What is it very kind of me to do?
6. It's very kind of you to help me.

### It's foolish of you to stay home on such a nice day.

1. Is it foolish of me to stay home on such a nice day?
2. Yes, it is. It's foolish of you to stay home on such a nice day.
3. Is it clever of me to stay home on such a nice day?
4. No, it isn't. It isn't clever of you to stay home on such a nice day.
5. What is it clever of me to do on such a nice day?
6. It's clever of you to take a walk on such a nice day.

## Unit 38

### December is the month coming after November.

1. Is December the month coming after November?
2. Yes, it is. It's the month coming after November.
3. Is January the month coming after November?
4. No, it isn't. It isn't the month coming after November.
5. What is the month coming after November?
6. December is. December is the month coming after November.

### I want you to meet the man standing over there.

1. Do you want me to meet the man standing over there?
2. Yes, I do. I want you to meet the man standing over there.
3. Do you want me to meet the woman sitting over there?
4. No, I don't. I don't want you to meet the woman sitting over there.
5. Who do you want me to meet?

6. 생략

## Unit 40

### I noticed somebody standing behind the curtain.
1. Did you notice anybody standing behind the curtain?
2. Yes, I did. I noticed somebody standing behind the curtain.
3. Did you notice anybody standing beside the curtain?
4. No, I didn't. I didn't notice anybody standing beside the curtain.
5. Where did you notice somebody standing?
6. I noticed somebody standing behind the curtain.

### I saw the taxi crash into another taxi.
1. Did you see the taxi crash into another taxi?
2. Yes, I did. I saw the taxi crash into another taxi.
3. Did you see the taxi crash into the guard rail?
4. No, I didn't. I didn't see the taxi crash into the guard rail.
5. What did you see the taxi crash into?
6. I saw the taxi crash into another taxi.

## Unit 41

### I heard the voice on the loud-speaker speak in English.
1. Did you hear the voice on the loud-speaker speak in English?
2. Yes, I did. I heard the voice on the loud-speaker speak in English.
3. Did you hear the voice on the loud-speaker speak in Korean?
4. No, I didn't. I didn't hear the voice on the loud-speaker speak in Korean.
5. In what language did you hear the voice on the loud-speaker speak?
6. I heard the voice on the loud-speaker speak in English.

### There were lots of passengers waiting in the lobby.
1. Were there lots of passengers waiting in the lobby?
2. Yes, there were. There were lots of passengers waiting in the lobby.
3. Were there lots of passengers waiting on the runway?
4. No, there weren't. There weren't any passengers waiting on the runway.
5. Where were there lots of passengers waiting?
6. There were lots of passengers waiting in the lobby.

## Unit 42

### His speech made me feel sleepy.
1. Did his speech make you feel sleepy?
2. Yes, it did. It made me feel sleepy.
3. Did his speech make you feel sick?
4. No, it didn't. It didn't make me feel sick.
5. How did his speech make you feel?
6. It made me feel sleepy.

### The museum made me realize the real meaning of history.
1. Did the museum make you realize the real meaning of history?
2. Yes, it did. It made me realize the real meaning of history.
3. Did the music hall make you realize the real meaning of history?
4. No, it didn't. It didn't make me realize the real meaning of history.
5. What made you realize the real meaning of history?
6. The museum did. The museum made me realize the real meaning of history.

## Unit 45

### I'll be given a computer as a Christmas present.
1. Will you be given a computer as a Christmas present?
2. Yes, I will. I'll be given a computer as a Christmas present.
3. Will you be given a cellular phone as a Christmas present?
4. No, I won't. I won't be given a cellular phone as a Christmas present.
5. What will you be given as a Christmas present?
6. I'll be given a computer as a Christmas present.

### This work will have to be done by tomorrow.
1. Will this work have to be done by tomorrow?
2. Yes, it will. It will have to be done by tomorrow.
3. Will this work have to be done by tonight?
4. No, it won't. It won't have to be done by tonight.
5. When will this work have to be done?
6. It will have to be done by tomorrow.

## Unit 47

### There are many temples built hundreds of years ago in Gyeongju.
1. Are there many temples built hundreds of years ago in Gyeongju?

2. Yes, there are. There're many temples built hundreds years ago in Gyeongju.
3. Are there many temples built hundreds of years ago in New York?
4. No, there aren't. There aren't any temples built hundreds of years ago in New York.
5. Where are there many temples built hundreds of years ago?
6. 생략

### English is a language spoken all over the world.
1. Is English a language spoken all over the world?
2. Yes, it is. It's a language spoken all over the world.
3. Is Korean a language spoken all over the world?
4. No, it isn't. It isn't a language spoken all over the world.
5. What is a language spoken all over the world?
6. English is. English is a language spoken all over the world.

## Unit 48
### I saw an old man run over by a dump truck.
1. Did you see an old man run over by a dump truck?
2. Yes, I did. I saw an old man run over by a dump truck.
3. Did you see an old man run over by a taxi?
4. No, I didn't. I didn't see an old man run over by a taxi.
5. By what did you see an old man run over?
6. I saw an old man run over by a dump truck.

### I heard the door being locked up.
1. Did you hear the door being locked up?
2. Yes, I did. I heard the door being locked up.
3. Did you hear the locker being locked up?
4. No, I didn't. I didn't hear the locker being locked up.
5. What did you hear being locked up?
6. I heard the door being locked up.

## Unit 49
### I've finished half of my homework.
1. Have you finished half of your homework?
2. Yes, I have. I've finished half of my homework.
3. Have you finished all your homework?

4. No, I haven't. I haven't finished all my homework.
5. How much of your homework have you finished?
6. I've finished half of my homework.

### You can watch television after you've finished all your homework.
1. Can I watch television after I've finished all my homework?
2. Yes, you can. You can watch television after you've finished all your homework.
3. Can I watch television after I've finished half of my homework?
4. No, you can't. You can't watch television after you've finished half of your homework.
5. When can I watch television?
6. You can watch television after you've finished all your homework.

## Unit 50

### My uncle has gone to America.
1. Has your uncle gone to America?
2. Yes, he has. He has gone to America.
3. Has your uncle gone to England?
4. No, he hasn't. He hasn't gone to England.
5. Where has your uncle gone?
6. He has gone to America.

### Tom hasn't come to school this morning.
1. Hasn't Tom come to school this morning?
2. No, he hasn't. He hasn't come to school this morning.
3. Hasn't Jack come to school this morning?
4. Yes, he has. He has come to school this morning.
5. Who hasn't come to school this morning?
6. Tom hasn't. Tom hasn't come to school this morning.

## Unit 52

### I've had my cold since the beginning of this month.
1. Have you had your cold since the beginning of this month?
2. Yes, I have. I've had my cold since the beginning of this month.
3. Have you had your cold since the middle of this month?
4. No, I haven't. I haven't had my cold since the middle of this month.
5. How long have you had your cold?

6. I've had my cold since the beginning of this month.

I've known him since I was a child.
1. Have you known him since you were a child?
2. Yes, I have. I've known him since I was a child.
3. Have you known him since you were born?
4. No, I haven't. I haven't known him since I was born.
5. How long have you known him?
6. I've known him since I was a child.

## Unit 53

I've been studying English for two years.
1. Have you been studying English for two years?
2. Yes, I have. I've been studying English for two years.
3. Have you been studying English for three years?
4. No, I haven't. I haven't been studying English for three years.
5. How many years have you been studying English?
6. I've been studying English for two years.

I've been skiing since I was six years old.
1. Have you been skiing since you were six years old?
2. Yes, I have. I've been skiing since I was six years old.
3. Have you been skiing since you were three years old?
4. No, I haven't. I haven't been skiing since I was three years old.
5. How long have you been skiing?
6. I've been skiing since I was six years old.

## Unit 54

This book is so difficult that I cannot read it.
1. Is this book so difficult that you cannot read it?
2. Yes, it is. It's so difficult that I cannot read it.
3. Is this book so easy that you can read it?
4. No, it isn't. It isn't so easy that I can read it.
5. How difficult is this book?
6. It's so difficult that I cannot read it.

This book is too difficult for me to read.
1. Is this book too difficult for you to read?

2. Yes, it is. It's too difficult for me to read.
3. Is this book easy enough for you to read?
4. No, it isn't. It isn't easy enough for me to read.
5. How difficult is this book?
6. It's too difficult for me to read.

## Unit 58

### I met a girl who looked very much like you.

1. Did you meet a girl who looked very much like me?
2. Yes, I did. I met a girl who looked very much like you.
3. Did you meet a boy who looked very much like me?
4. No, I didn't. I didn't meet a boy who looked very much like you.
5. Who did you meet?
6. I met a girl who looked very much like you.

### I'm looking for a student whose father teaches English at school.

1. Are you looking for a student whose father teaches English at school?
2. Yes, I am. I'm looking for a student whose father teaches English at school.
3. Are you looking for a student whose father works in a bank?
4. No, I'm not. I'm not looking for a student whose father works in a bank.
5. What sort of student are you looking for?
6. I'm looking for a student whose father teaches English at school.

## Unit 59

### *Robinson Crusoe* is the most interesting book that I have ever read.

1. Is *Robinson Crusoe* the most interesting book that you have ever read?
2. Yes, it is. It's the most interesting book that I have ever read.
3. Is *Treasure Island* the most interesting book that you have ever read?
4. No, it isn't. It isn't the most interesting book that I have ever read.
5. What is the most interesting book that you have ever read?
6. *Robinson Crusoe* is. *Robinson Crusoe* is the most interesting book that I have ever read.

### I think Kennedy was one of the greatest statesmen that ever lived in the United States.

1. Do you think Kennedy was one of the greatest statesmen that ever

lived in the United States?
2. Yes, I do. I think Kennedy was one of the greatest statesmen that ever lived in the United States.
3. Do you think Johnson was one of the greatest statesmen that ever lived in the United States?
4. No, I don't. I don't think Johnson was one of the greatest statesmen that ever lived in the United States.
5. Who do you think was one of the greatest statesmen that ever lived in the United States?
6. I think Kennedy was one of the greatest statesmen that ever lived in the United States.

### 꼭! 필요한 문장의 5형식
### 활용 연습

2016년 10월 7일 1판 1쇄 발행

지은이 … TOMATO 교재 출판부
펴낸이 … 김남일
펴낸곳 … TOMATO
등록번호 … 제 6-0622호
주소 … 서울 동대문구 답십리로38길 56 월드시티빌딩 501호
전화 … 0502-600-4925
팩스 … 0502-600-4924

ISBN 978-89-91068-71-1 13740

파본은 교환해 드립니다.(정가는 표지에 있습니다)
토마토출판사홈페이지 www.tomatobooks.co.kr